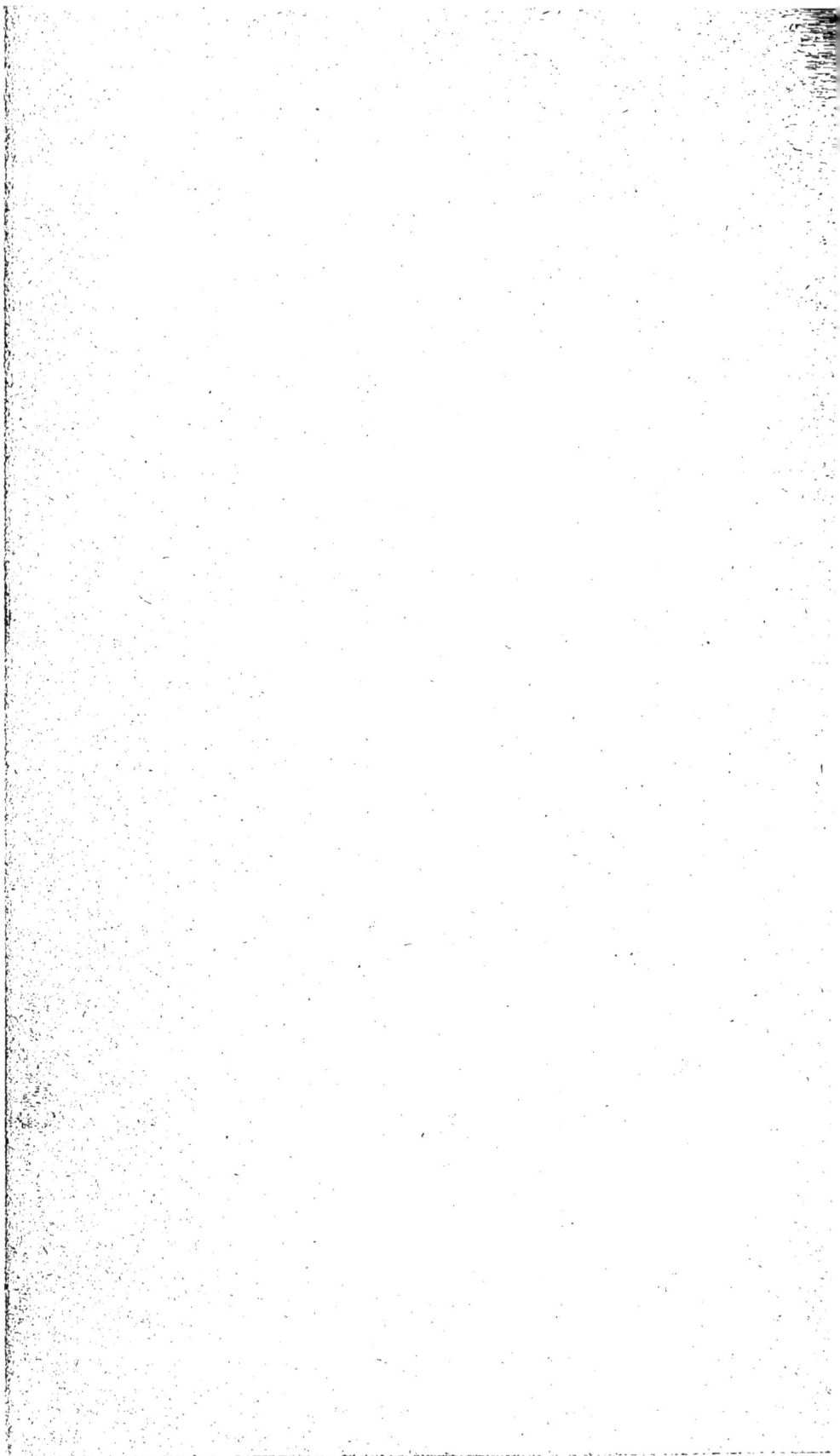

LA TOUR D'AUVERGNE

DIT

LE PREMIER GRENADIER DE FRANCE

PAR

FRÉDÉRIC KŒNIG

TOURS

ALFRED MAME ET FILS, ÉDITEURS

BIBLIOTHÈQUE

DE LA

JEUNESSE CHRÉTIENNE

APPROUVÉE

PAR MGR L'ARCHEVÊQUE DE TOURS

———

3e SÉRIE IN-8°

Il enlève son camarade blessé au milieu d'une grêle de balles,
et le rapporte sur ses épaules jusqu'aux avant-postes.

LA TOUR D'AUVERGNE

DIT

LE PREMIER GRENADIER DE FRANCE

PAR

FRÉDÉRIC KŒNIG

TOURS

ALFRED MAME ET FILS, ÉDITEURS

1870

LA TOUR D'AUVERGNE

CHAPITRE I

« Il a existé en France un homme réunissant toutes les hautes vertus des héros que l'antiquité nous a légués pour modèles, et dont Plutarque nous a tracé l'histoire ; un homme qui, allié par sa naissance à une famille souveraine, doué des plus hautes facultés de l'intelligence, appelé par son courage et ses talents à commander des armées ; qui, objet de tous les hommages, d'offres de fortune, de distinctions et d'honneurs, ne voulut ni honneurs, ni grades, ni richesses, sut toute sa vie rester pauvre et fier, savant et modeste, vécut en héros et mourut en simple soldat :

cet homme s'appelait Théophile-Malo de la Tour d'Auvergne-Corret [1]. »

Il appartenait à cette ancienne maison des la Tour d'Auvergne, qui descendait des princes dauphins d'Auvergne, et dont un des membres (Henri) ayant épousé Charlotte de la Marck, héritière du duché de Bouillon et de la principauté de Sédan, devint duc et prince souverain, puis plus tard maréchal de France, et fut le père du grand Turenne. Théophile, descendant d'une branche cadette de cette illustre famille, naquit le 25 décembre 1743, à Carhaix, petite ville de la basse Bretagne, aujourd'hui chef-lieu de canton du département du Finistère, arrondissement de Chateaulin [2].

Nous avons peu de détails sur les premières années de la vie du jeune de la Tour d'Auvergne, si ce n'est que, dès sa plus tendre enfance, il

[1] Extrait de la notice sur la Tour d'Auvergne publiée dans le Dictionnaire de la conversation.

[2] Carhaix est une des plus anciennes villes de la vieille Armorique; c'est le *Vorganium* des anciens. Les Bretons l'appellent dans leur langue *Keraès*, et la Tour d'Auvergne prétendait que ce nom signifie ville d'Aetius.

apprit à parler ce dialecte bas-breton qui devait plus tard être l'objet de ses recherches, comme étant un précieux reste du langage que parlaient nos pères. Sa famille le plaça au collége de Quimper pour faire ses études. Il s'y distingua par son application et ses progrès extraordinaires dans les langues anciennes, qu'il étudiait déjà plutôt en philologue qu'en simple humaniste.

Sa naissance le destinait à l'état militaire. A l'âge de dix-sept ans il entra dans les mousquetaires; mais il n'y resta que le temps nécessaire, c'est-à-dire quelques mois, pour obtenir un brevet de sous-lieutenant dans le régiment d'Angoumois. Arrivé dans ce corps, il y reçut d'abord un accueil un peu froid, surtout de la part des jeunes officiers de son âge, parce que l'air grave et les goûts sérieux de la Tour d'Auvergne étaient loin de sympathiser avec les habitudes de frivolité et de dissipation de ces messieurs; mais peu à peu, et à mesure qu'il se fit mieux connaître, il gagna l'estime de ses chefs par son exactitude scrupuleuse à remplir ses devoirs, et en même temps l'amitié de ses cama-

1*

rades par la douceur de ses manières, la franchise de son caractère et la bonté de son cœur.

De même qu'au collége il avait appliqué toutes ses facultés à l'étude des matières qui formaient l'objet de l'enseignement classique, de même, une fois entré au service, il voulut étudier à fond l'art de la guerre, et il employa ses loisirs à s'instruire dans toutes les parties de cet art. Il faisait sa lecture habituelle des auteurs tant anciens que modernes qui ont écrit sur la tactique militaire; il les comparait entre eux, prenait des notes, ajoutait des réflexions, et s'exerçait ainsi à l'art si difficile de faire mouvoir les masses armées pour qu'elles produisent tout l'effet que l'on peut attendre de la réunion de leurs efforts sur un point donné. Sa bibliothèque *militaire*, comme il l'appelait, se composait d'une édition grecque de Polybe, de l'ouvrage de Végèce *De Re militari*, des œuvres du chevalier de Folard et de Montecuculli [1], et enfin, de plu-

[1] Polybe était un historien grec, né à Mégalopolis, environ 200 avant Jésus-Christ. Pendant un long séjour qu'il fit à Rome, où il avait été envoyé comme otage, il acquit l'amitié

sieurs éditions des Commentaires de César; car
ce dernier ouvrage avait pour lui un attrait particulier en raison des détails précieux qu'il y
trouvait sur les mœurs, les usages, la religion
des anciens peuples qui habitaient la Gaule du

des deux fils de Paul-Émile, surtout du second Scipion
l'Africain, qu'il accompagna au siége de Carthage; il voyagea
ensuite en Afrique, en Espagne, en Gaule, et fut chargé par
les Romains de diverses missions près des Grecs. Il avait écrit
la *Vie de Philopœmen*, la *Guerre de Numance*, une *Tactique* et une *Histoire générale*. Une partie de ses œuvres n'est
pas arrivée jusqu'à nous; mais ce qui en reste suffit pour
nous donner une idée de son exactitude, de la rectitude de
son jugement, et surtout de son impartialité; aussi a-t-on dit
de lui qu'il doit être consulté avec soin par les hommes d'État,
par les hommes de guerre et par les penseurs.

Végèce, en latin *Flavius Vegetius Renatus*, florissait vers
la fin du IVe siècle. Il est auteur d'un traité fort instruc-
tif, intitulé *De Re militari*, et dédié à l'empereur Valen-
tinien II.

Le chevalier de Folard, qu'on a surnommé *le Végèce
français*, né à Avignon en 1669, montra de bonne heure un
goût décidé pour la carrière des armes. Il commença comme
Rose et Fabert, et se rendit digne, comme eux, de parvenir
aux plus hautes dignités militaires. La guerre ne fut point
pour lui un simple métier, mais un art savant et profond,
résultat de ses études et de ses méditations. Il prit part à
toutes les guerres de la fin du règne de Louis XIV, donna aux
généraux sous lesquels il servait, tantôt des plans de défense

temps des Romains; et dès cette époque il son-
geait à écrire l'histoire des Celtes et des Gaulois,
et il recherchait avec empressement tout ce qui
pouvait contribuer à l'éclairer sur l'origine de ces
peuples.

La France était alors en pleine paix, et la tranquillité dont on jouissait permit au jeune officier
de se livrer sans distraction à ses travaux scientifiques. Cependant un orage qui se formait de

de places, tantôt des plans de campagne qui furent suivis
toujours avec un heureux succès. Lorsque la paix générale le
condamna au repos, il en profita pour se livrer tout entier à
ses travaux littéraires et scientifiques. Il publia successivement
un livre intitulé : *Nouvelles Découvertes sur la guerre*; un
Traité de la défense des places; un *Traité du métier de partisan*; *Fonction et devoir d'un officier de cavalerie*; enfin
une édition de l'*Histoire* de Polybe, avec des commentaires
qui sont fort estimés.

Le comte Raimond de Montecuculli, né en 1608, dans
le Modénois, devint un des principaux généraux de l'Autriche. Il fut opposé, en 1675, à Turenne, qui fut tué au
moment où ces deux grands généraux allaient se livrer une
bataille décisive. Il se retira après cette campagne, et mourut
dans la retraite en 1681. Il avait fait une étude approfondie
de l'art militaire, et a laissé des mémoires sur la guerre qu'il
a publiés en latin sous le titre de *Commentarii bellici*, qui
sont très-estimés des stratégistes.

l'autre côté de l'Atlantique, menaçait de troubler le repos de la vieille Europe. Les colonies anglaises de l'Amérique du nord s'étaient soulevées contre la mère-patrie, avaient proclamé leur séparation d'avec l'Angleterre, et s'étaient constituées en nation indépendante sous le nom d'*États-Unis d'Amérique* (4 juillet 1776).

Cet événement eut un grand retentissement en Europe et surtout en France. Des sentiments très-divers, mais également énergiques, passionnèrent en sa faveur la nation tout entière. Les uns y voyaient le triomphe des idées émises par les philosophes modernes sur les théories sociales; les autres, une occasion de se venger de l'Angleterre, cette éternelle ennemie de la France, et de prendre une éclatante revanche des humiliations qu'elle nous avait fait subir pendant la guerre de sept ans, et par la paix honteuse de 1763; tous étaient d'avis qu'il fallait seconder le mouvement américain, dût-on rompre la paix avec l'Angleterre.

Le gouvernement français était en proie à de vives préoccupations; il redoutait la guerre, non

qu'il ne désirât pas l'abaissement de l'Angleterre; mais n'était-il pas dangereux et d'un
funeste exemple d'obtenir cet abaissement en
favorisant l'insurrection de sujets rebelles à leur
souverain légitime? Était-il de la politique d'une
ancienne monarchie comme la France, de concourir à l'érection d'une république? D'ailleurs,
ne serait-ce pas donner un funeste exemple à nos
propres colonies, dont l'ennemi ne manquerait
pas, ne fût-ce que par représailles, de favoriser
l'émancipation? Toutes ces considérations, et bien
d'autres encore qu'il serait trop long de rapporter, agitaient les conseils de Louis XVI, et
empêchaient de prendre une décision formelle,
malgré la pression de l'opinion publique.

Enfin on s'arrêta à un moyen terme : ce fut
d'accorder aux colons américains des secours en
munitions, hommes et argent, mais par des
voies indirectes, et sans sortir de la neutralité
officielle; en même temps, et pour parer à toute
éventualité, on rétablissait sans bruit nos forces
maritimes, de manière à nous mettre en état
d'armer deux escadres, l'une à Toulon, l'autre

à Brest. Ainsi, lorsque les agents américains vinrent demander au gouvernement français des canons, des armes et des effets pour équiper vingt-cinq mille hommes, on leur refusa *officiellement* leur demande; mais on les adressa *officieusement* à une maison de commerce, qui procura tout, même avec les canons, des officiers d'artillerie et du génie pour aider les Américains à s'en servir. Ce fut alors qu'un certain nombre d'officiers de diverses armes s'enrôlèrent par cet intermédiaire, et entre autres le marquis de la Rouarie, gentilhomme breton, qui fut depuis le premier organisateur de l'insurrection contre-révolutionnaire de la Vendée. D'autres les suivirent, et parmi ceux-ci la Fayette, qui devait jouer un rôle si important dans la révolution d'Amérique et plus tard dans celle de France.

La Tour d'Auvergne, fatigué de sa longue inaction, voulut aussi, comme tant d'autres gentilshommes français, concourir à défendre contre les Anglais l'indépendance de l'Amérique. Il sollicita à cet effet un congé régulier; il lui fut refusé formellement, parce que le gouvernement

ne pouvait accorder une pareille autorisation à
un officier faisant partie de l'armée royale, sans
violer ses traités avec l'Angleterre. « Mais,
objecta la Tour d'Auvergne au personnage in-
fluent du ministère de la guerre à qui il s'était
adressé, M. de la Rouarie, mon compatriote, et
M. de la Fayette, sans parler d'une foule d'autres,
sont partis sans grande difficulté, ce me semble ;
pourquoi serais-je l'objet d'une exception ?

— D'abord, répondit ce personnage, M. de la
Rouarie et la plupart de ses compagnons ne faisaient plus partie de l'armée du roi [1] ; ils n'avaient
donc point de congé à demander ; quant à M. de
la Fayette et à quelques autres, qui se trouvaient
dans le même cas que vous, on a refusé des con-
gés à ceux qui en ont demandé ; car plusieurs
n'ont pas même jugé cette formalité nécessaire,

[1] Le marquis de la Rouarie avait eu une jeunesse fort
orageuse. Officier dans les gardes françaises, il s'y était montré
frondeur de la cour, et son début dans le monde avait été
marqué par des désordres. A la suite d'un duel qu'il eut
avec le comte de Bourbon-Busset, il tomba dans la disgrâce
du roi et fut renvoyé des gardes. Accablé de ce malheur, il
alla s'enfermer à la Trappe, et c'est de là qu'il partit pour
l'Amérique, sous le nom du colonel Armand.

ce qui ne les a pas empêchés de partir comme les premiers; mais tous, sans exception, ont été publiquement désavoués. Mais, ajouta-t-il en souriant, je crois que si le succès couronne leur entreprise, ce désaveu ne leur sera pas compté et ne nuira en rien à leur avancement pour l'avenir. »

La Tour d'Auvergne comprit, par cette dernière insinuation de son interlocuteur, que s'il voulait partir sans congé, on ne s'y opposerait pas, et qu'il n'en conserverait pas moins son rang dans l'armée; mais une situation équivoque ne convenait point à la franchise de son caractère, et il déclara que dès l'instant qu'il ne pouvait obtenir une autorisation régulière, il renonçait à son projet.

Du reste, il était facile de prévoir que cette indécision du gouvernement ne pouvait durer, et que les succès des *insurgents,* comme on appelait les Américains, devaient nécessairement amener le cabinet de Versailles à se déclarer ouvertement. En effet, par un double traité conclu le 6 février 1778, la France reconnut

l'indépendance des États-Unis, et fit avec eux un
traité de commerce et d'alliance défensive éven-
tuelle, « dans le cas où l'Angleterre, par ressentiment de ce traité, romprait la paix avec la
France. »

Cette éventualité n'était douteuse pour personne. Aussi, à la nouvelle de cette alliance,
l'Angleterre rappela son ambassadeur de Paris,
et la guerre fut déclarée. Les premières hostilités
commencèrent sur mer. Après des succès variés
où la marine française montra qu'elle avait fait
de grands progrès depuis la désastreuse guerre
de sept ans, un corps auxiliaire, commandé
par le général Rochambeau, fut envoyé en Amérique, et contribua puissamment à assurer la
victoire définitive des nouveaux États-Unis.

La Tour d'Auvergne aurait probablement demandé à faire partie de cette expédition, et il
l'aurait obtenu sans difficulté, s'il n'eût été
engagé à participer à une autre entreprise sur
un point plus rapproché de la France. Nous vou-
lons parler de l'expédition de Minorque. Quelques mots sont nécessaires pour faire connaître

à nòs jeunes lecteurs la cause, l'objet et la nature de cette expédition.

L'île Minorque ou *Minorca*, située à dix lieues à l'est de l'île Majorque, fait partie d'un groupe d'îles nommées Baléares par les anciens, et qui se trouvent dans la Méditerranée, à une distance un peu plus rapprochée des côtes d'Europe que de celles d'Afrique. Ces îles, après avoir formé un royaume distinct, dépendant de la couronne d'Aragon, furent réunies sur la même tête, avec toutes les autres couronnes d'Espagne, par suite du mariage de Ferdinand le Catholique et d'Isabelle de Castille. Depuis, elles n'ont cessé d'appartenir à la monarchie espagnole. Pendant la guerre de la succession, en 1702, les Anglais s'emparèrent de l'île Minorque, à cause de l'excellence de son port principal, appelé Port-Mahon [1], qui, s'avançant plus d'une lieue dans l'intérieur des terres, offre aux vaisseaux un abri

---

[1] Ce nom lui vient du célèbre amiral carthaginois Magon, qui en jeta les fondements, vers le VIIIe siècle avant l'ère chrétienne. Les Romains l'appelaient *Portus Magonis,* d'où est venu le nom de Port-Mahon.

sûr et commode; aussi les Anglais ne cessèrent,
pendant plusieurs années, d'y élever des fortifications formidables, et se le firent-ils céder
définitivement par le traité d'Utrecht, qui mit fin
à la guerre de la succession. Ils continuèrent à
le fortifier, et le fort Saint-Philippe, qu'ils élevèrent à gauche de l'entrée du port, passait pour
être aussi imprenable que Gibraltar. Cependant,
lors de la guerre de sept ans, en 1756, le duc de
Richelieu assiégea cette forteresse, et quoiqu'il
n'eût pas à sa disposition un matériel suffisant
pour un siége aussi considérable, il sut si bien
animer l'ardeur de ses soldats, qu'au bout de six
semaines il se rendit maître de la place, ajoutant
ainsi un nouveau lustre au beau nom qu'il portait.
Trois mille prisonniers, deux cent quarante pièces
de canon, des projectiles et des munitions en
proportion, furent le résultat de ce brillant fait
d'armes, le plus glorieux, sans contredit, de ceux
qui signalèrent cette guerre désastreuse. Huit ans
après, c'est-à-dire par le traité de paix de 1763,
on fut obligé de rendre cette conquête aux
Anglais, qui en avaient, au reste, tellement senti

l'importance, comme position maritime, qu'on évalue à quarante millions de francs les nouvelles dépenses qu'ils firent pour en augmenter la force.

L'Espagne, alliée de la France, avait imité cette puissance en reconnaissant les nouveaux États-Unis d'Amérique, et en déclarant la guerre à l'Angleterre (16 juin 1779). Le cabinet de Madrid avait surtout à cœur de reprendre Minorque et Gibraltar, dont l'occupation par les Anglais était un affront permanent pour l'Espagne. Tandis que la plus grande partie des forces de la Grande-Bretagne était occupée de l'autre côté de l'Atlantique, l'occasion parut favorable pour une entreprise contre Minorque ou plutôt contre la forteresse de Port-Mahon, dont la possession assurait celle de l'île. Cette expédition intéressait presque autant la France que l'Espagne; car cette île menaçait en quelque sorte Toulon, et était bien plus dangereuse pour nous entre les mains des Anglais que Gibraltar. Les deux puissances combinèrent donc ensemble les moyens d'attaquer cette position réputée im-

prenable. Vers la fin de juin 1781, une escadre
de dix-huit vaisseaux de ligne, mit à la voile de
Brest pour aller rallier à Cadix la flotte espagnole
commandée par l'amiral Cordova. Le 21 juillet,
la flotte combinée, forte de cinquante vaisseaux
de ligne, quitta la rade de Cadix, en même temps
qu'un grand convoi portant dix mille hommes de
troupes espagnoles, sous le commandement d'un
général français, le duc de Crillon [1], descendant
du célèbre Crillon que Henri IV avait surnommé

---

[1] Louis de Berton des Balbes de Quiers, duc de Crillon-
Mahon, né en 1718, était entré au service en 1731, et avait
fait avec la plus grande distinction toutes les guerres qui
eurent lieu sous le règne de Lous XV. Il gagna tous ses
grades sur les champs de bataille, depuis celui de simple
lieutenant, jusqu'au titre de lieutenant-général, qu'il obtint
après la malheureuse retraite de Rosbach (3 novembre
1757), où il fut blessé et eut son cheval tué sous lui d'un
coup de canon. Après la paix de 1763, apprenant que l'Espagne se proposait d'envoyer une armée contre le Portugal,
il demanda à passer au service de l'Espagne. Cette demande lui
fut accordée, et d'après le pacte de famille il conserva dans
l'armée espagnole le même grade qu'il avait en France. Après
son expédition de Minorque, il fut nommé duc de Mahon, et
commandant général des royaumes de Valence et de Murcie.
Il ne prit aucune part à la guerre contre la France en 1793.
Il mourut à Madrid en 1796.

le Brave. Le convoi franchit le détroit de Gibraltar, et, contrarié quelque temps par les vents,
jeta enfin, le 21 août, les troupes de débarquement sur les plages de Minorque. Le gouverneur
anglais, qui n'avait que trois mille hommes à sa
disposition, n'essaya même pas de défendre ni la
ville de Mahon, ni les autres places de l'île; il
laissa cent soixante pièces de canon, un grand
nombre de navires, de riches magasins, passer,
sans coup férir, dans les mains des assaillants,
et se renferma en toute hâte dans le fort Saint-
Philippe, où il pouvait facilement se défendre
même contre une armée plus nombreuse que celle
qui l'attaquait.

Le duc de Crillon investit aussitôt la place et
attendit, pour commencer un siége régulier, les
renforts qui lui arrivèrent bientôt de Barcelone
et de Toulon. Parmi ces derniers se trouvait un
corps de volontaires français, dont la Tour
d'Auvergne faisait partie. Ce corps était peu
nombreux, mais entièrement composé d'hommes
d'élite, occupant différents grades dans l'armée
française. Le duc de Crillon appela les principaux

d'entre eux au conseil de guerre où l'on devait
délibérer sur le mode le plus convenable d'attaquer la forteresse. La Tour d'Auvergne fut invité
à cette réunion, quoiqu'il n'exerçât aucun commandement dans son corps, et que malgré le
grade de capitaine qu'il avait alors, il n'eût voulu
figurer que comme simple volontaire. La réputation qu'il s'était acquise par ses connaissances
stratégiques, détermina le général en chef à ne
pas se priver des lumières d'un homme à qui
d'ailleurs la noblesse de son origine donnait le
droit de siéger à côté de tous les membres du
conseil, soit Français, soit Espagnols, sans que
la fierté des plus nobles d'entre ces derniers pût
en être blessée.

La délibération fut longue et assez orageuse.
La plupart des officiers français et les plus jeunes
officiers espagnols étaient d'avis qu'il n'y avait
pas d'autre plan à suivre que celui qu'avait
adopté Richelieu vingt-cinq ans auparavant, et
qui lui avait si bien réussi. D'autres prétendaient
que ce plan, bon à cette époque, était imprati-
cable aujourd'hui, parce que les Anglais, instruits

par l'expérience, avaient augmenté considérable-
ment leurs moyens de défense, et avaient rendu
tout à fait inabordables les endroits où l'escalade
avait pu être effectuée en 1756. Leur opinion
était qu'il fallait se borner à un blocus sévère, et
attendre que la famine forçât la garnison ennemie
à capituler.

Lorsque la Tour d'Auvergne fut consulté,
il reconnut, avec ceux qui étaient de l'avis du
blocus pur et simple, l'impossibilité absolue
d'une escalade telle que celle qui avait été pra-
tiquée par le duc de Richelieu. D'un autre
côté, il fit sentir les inconvénients et les dangers
d'un simple blocus. On savait que la garnison
avait au moins pour un an de vivres et de munitions; pouvait-on compter la tenir investie d'une
manière absolue pendant un si long espace de
temps? « Si nous étions assurés, dit-il, d'être
maîtres de la mer durant tout ce temps, et que la
garnison anglaise n'eût aucun moyen d'être ravi-
taillée, il serait sans doute plus prudent d'adopter
ce parti pour éviter l'effusion du sang; mais
avons-nous une telle garantie? Sans doute, au-

2

jourd'hui les flottes anglaises ne nous menacent
pas; elles ont assez à faire dans la Manche et
dans l'océan Atlantique pour négliger, à côté des
grands intérêts qu'elles ont à défendre ailleurs,
un point d'une importance secondaire au milieu
de la Méditerranée; mais n'oublions pas que la
mer est l'élément de nos ennemis, et que la
fortune est changeante et perfide comme cet
élément lui-même. Quelques circonstances im-
prévues, un coup de vent qui aura dispersé nos
vaisseaux, une brume épaisse qui leur aura dé-
robé la vue de ceux de l'ennemi, ou tout autre
de ces accidents si fréquents sur mer, peut faire
apparaître tout à coup dans ces parages une
escadre anglaise qui viendra ravitailler Saint-
Philippe, et qui, si elle ne réussit pas à nous en
faire lever le siége, aura du moins rendu inutile
tout ce que nous aurons fait jusque-là devant
cette place, et nous forcera à recommencer
comme au premier jour, et dans des conditions
nécessairement plus défavorables. » Après ces
observations préliminaires, sa conclusion était
qu'il fallait entreprendre le siége de la place

d'après toutes les règles de l'art des Vauban et des Montecuculli; mais qu'en même temps que l'on ferait les premiers travaux d'approche, il fallait construire des redoutes et des batteries sur tous les points où l'on pouvait craindre un débarquement, afin d'ôter à l'ennemi tout moyen de ravitailler la forteresse.

Après une discussion sérieuse, l'opinion de la Tour d'Auvergne, qui était partagée par le duc de Crillon, fut adoptée à la grande majorité du conseil. On passa ensuite aux moyens d'exécution. L'emplacement des batteries de défense et d'un camp retranché fut arrêté; puis, sur l'indication de la Tour d'Auvergne, on convint de s'emparer à tout prix d'un des ouvrages avancés de la forteresse, qui commandait l'entrée du port, et qui, une fois que l'on en serait maître, ne permettrait plus à la garnison d'opérer de sortie en forces suffisantes pour inquiéter les assiégeants, ou donner la main à une armée de secours arrivant par mer.

Dès le lendemain, ce plan fut mis à exécution. L'attaque fut dirigée sur plusieurs points à la fois, afin de dissimuler à l'ennemi celui que l'on avait réellement en vue. Mais les Anglais ne s'y trompèrent pas, et toute la force de leur résistance se concentra pour défendre l'ouvrage dont ils comprenaient aussi toute l'importance. La nature du sol, qui était un roc uni et dur comme du marbre, ne permettait pas d'ouvrir des tranchées pour établir des batteries. Il fallut former des épaulements avec des gabions [1] et des sacs à terre. Ce travail, surtout dans les commencements, était très-périlleux, et, sans les encouragements et l'exemple donnés par les volontaires français, les soldats espagnols l'auraient difficilement mené à bonne fin. Une pluie de mitraille et de balles accueillit les premières tentatives que l'on fit pour s'établir sur ce

[1] On nomme épaulement une sorte de massif de terre ou parapet qui sert à garantir du feu de l'ennemi, à favoriser les approches, etc. Quand la nature du terrain ne permet pas de le faire autrement, on se sert de *gabions*, qui sont des espèces de paniers d'osier remplis de terre et de sacs à terre que l'on entasse et que l'on assujettit de manière à former un massif impénétrable aux balles et même aux boulets.

point ; ce ne fut qu'avec une persévérance indomptable, et après de pénibles sacrifices, que l'on parvint à élever un épaulement capable de mettre à l'abri les travailleurs, et d'établir les batteries qui devaient battre en brèche cette partie des fortifications.

Dans tous les combats qui s'étaient livrés pour parvenir à ce résultat, la Tour d'Auvergne s'était signalé par un courage intrépide joint à un sang-froid extraordinaire, qui excitait l'admiration des Français et des Espagnols. Chaque jour, on citait de lui quelque action d'éclat ; nous n'en rapporterons qu'une, parce qu'elle nous semble résumer à elle seule ce qu'il y avait dans son cœur de courage calme, de dévouement et de générosité.

Dans un de ces combats dont nous venons de parler, et qui avait été très-meurtrier, les volontaires français s'étaient retirés, après avoir réussi à placer les premiers gabions à l'endroit désigné. Au moment de rentrer au camp, la Tour d'Auvergne apprend qu'un de ses camarades, blessé, est resté en arrière, près des fortifications ; il retourne seul aussitôt, va l'enlever jusque sur les

glacis de la place au milieu d'une grêle de balles,
et le rapporte sur ses épaules jusqu'aux avant-
postes, au milieu des applaudissements enthou-
siastes des témoins de cette action héroïque.

Ce fait eut un grand retentissement, et fut
porté à l'ordre du jour de l'armée. Quelque temps
après, le chevalier de Mailly, lieutenant-colonel,
qui commandait le corps des volontaires, étant
mort des suites de ses blessures, tous les volontaires manifestèrent le désir qu'il fût remplacé par
la Tour d'Auvergne. Le duc de Crillon, qui avait
pour celui-ci la plus grande estime, ne demandait
pas mieux que de ratifier le vœu de ses camarades ;
tout le monde applaudissait d'avance à un pareil
choix. Il n'y eut qu'un seul opposant : ce fut
la Tour d'Auvergne lui-même. Jamais le duc de
Crillon ni ses camarades ne purent le décider à
accepter l'offre qu'on lui faisait. Le duc eut beau
lui dire : « Monsieur, quand on porte votre nom,
quand on sent couler dans ses veines du sang des
Turenne et des Bouillon, il ne convient pas de
rester dans les rangs inférieurs.

— Pardon, monsieur le duc, répondit la Tour

d'Auvergne, je ne pense pas que pour hono-
rer dignement le nom que je porte, il me soit
absolument nécessaire d'occuper des emplois supérieurs, pour lesquels, du reste, je ne me sens
pas de capacité ; je crois qu'en remplissant dans
toute leur étendue, ou du moins autant qu'il
est en mon pouvoir, les devoirs de simple officier
ou même de simple soldat, je suis moins exposé
à déroger que si j'étais chargé d'un commandement dont la responsabilité serait trop pesante
pour mes forces. Un de nos poëtes a dit avec
raison : « Tel brille au second rang qui s'éclipse
au premier. » Eh bien, moi, j'ai la conviction
que ma place est au second rang, et que j'aurais
tout à perdre si j'étais élevé au premier.

— Je n'insisterai pas, reprit le duc ; je vous
laisserai à ce second rang où vous vous êtes fait
une position assez brillante pour être enviée de
plus d'un de ceux qui sont élevés hiérarchique-
ment au-dessus de vous. Seulement, puisque vous
aimez mieux exécuter ou faire exécuter des ordres
plutôt que d'avoir la responsabilité d'en donner
vous-même, je désirerais vous offrir un emploi

parfaitement en rapport avec vos dispositions : ce
serait celui d'officier d'état-major, attaché à ma
personne en qualité d'aide de camp.

La Tour d'Auvergne ne crut pas devoir refuser,
et jusqu'à la fin de la campagne il remplit les
fonctions d'aide de camp du général en chef.
Crillon le consultait souvent, et l'on peut dire
qu'à compter de sa nomination à cet emploi,
la Tour d'Auvergne eut une part importante dans
la direction du siége.

Lorsqu'on fut parvenu à établir des batteries
contre l'ouvrage avancé dont on voulait s'emparer, on le battit en brèche pendant plus d'une
semaine ; on fit jouer de part et d'autre des mines
et des contre-mines. Enfin, la brèche ayant été
reconnue praticable, l'assaut fut donné. Malgré
une vigoureuse résistance, les assiégeants restèrent
maîtres de la position, et s'y fortifièrent de manière
à ne pouvoir en être délogés.

Le duc de Crillon, ayant fortifié les autres points
de l'île où les Anglais auraient pu tenter un débarquement, cessa désormais toute attaque contre le
fort Saint-Philippe, attendant que l'épuisement

des ressources de la garnison la forçât à se rendre.
Pour la décider plus vite, il avait soin de lui
transmettre les nouvelles des désastres qu'avaient
essuyés les armes anglaises dans l'Amérique du
Nord et aux Antilles; le gouverneur ne le crut
pas d'abord, ou feignit de ne pas le croire : enfin,
voyant sa garnison réduite de plus de moitié, et
reconnaissant l'impossibilité d'être secouru, il se
décida à capituler. Crillon lui accorda les conditions les plus honorables; le 5 février 1782, les
Anglais évacuèrent la forteresse de Port-Mahon,
et l'île Minorque retourna en la possession des
Espagnols, qui l'ont toujours conservée depuis.

CHAPITRE II

Le duc de Crillon, après avoir laissé une garnison suffisante pour occuper l'île qu'il venait de
reconquérir à l'Espagne, ramena le reste de son
armée à Cadix. Les Espagnols firent un accueil
triomphal au vainqueur, et le roi Charles III nom-
ma Crillon grand d'Espagne, avec le titre de duc
de Mahon. La Tour d'Auvergne ne fut pas oublié
dans cette distribution des faveurs royales :
Charles III lui envoya la décoration de son ordre,
le titre de colonel dans l'armée espagnole et une
pension de trois mille francs; mais il n'accepta que
la décoration, et refusa le titre et la pension. En

France, la nouvelle de la conquête de Port-Mahon fut aussi reçue avec une vive satisfaction. La Provence et le Languedoc surtout virent avec allégresse tomber ce nid de vautours, d'où les corsaires britanniques s'élançaient incessamment à la proie contre tout ce qui sortait de nos ports du Midi. La perte d'un pareil poste était pour l'Angleterre plus qu'une bataille perdue : c'était perdre un des fruits les plus précieux du traité d'Utrecht.

Une fois Minorque reconquise, la cour d'Espagne n'eut qu'une pensée : recouvrer à tout prix Gibraltar, bloqué depuis trois ans, ravitaillé plusieurs fois, mais néanmoins réduit à de dures épreuves. Le parti le plus sage semblait être de compléter le blocus et de mettre à profit la supériorité des flottes combinées pour tâcher d'empêcher tout nouveau secours. Les Espagnols perdirent patience. Leurs premiers ouvrages de siége avaient été détruits dans une vigoureuse sortie de la garnison, en novembre 1781 ; ils profitèrent de l'arrivée des vainqueurs de Mahon pour les rétablir et les agrandir. Une attaque de vive force fut résolue contre l'inabordable rocher

de Gibraltar. Deux princes français, le comte
d'Artois et le duc de Bourbon, accoururent pour
assister à ce grand spectacle et se mettre, au
besoin, à la tête de nos volontaires, dont leur
présence exaltait encore le courage. Du côté de
la terre, une immense batterie de plus de deux
cents pièces d'artillerie s'étendait dans toute la
largeur de la presqu'île. Du côté de la mer, dix
batteries flottantes, gros vaisseaux rasés, blindés
d'énormes pièces de bois que revêtaient du liége
et des cuirs verts, et munis de réservoirs d'eau
à l'intérieur, portaient cent cinquante canons et
mortiers, et devaient être soutenus par une flot-
tille de canonnières et par la grande flotte franco-
espagnole.

La flotte, commandée par le vieux Cordova,
arriva le 12 septembre 1782, au nombre de
quarante-cinq vaisseaux de ligne, après avoir
enlevé sur sa route un grand convoi anglais
destiné pour le Canada et Terre-Neuve. Le lendemain, un déluge de feux croisés fondit sur
Gibraltar. Le détroit retentit tout un jour et
toute une nuit de cette tempête d'artillerie, qui

porta l'effroi jusque chez les populations du
Maroc. L'orage passa en vain. Vers la terre, les
myriades de projectiles lancés par les assaillants
frappaient inutilement les rocs creusés dans lesquels se cachaient les canons ennemis. Vers la
mer, l'attaque fut mal concertée. Le mouillage
avait été mal reconnu. Une partie des batteries
flottantes touchèrent sur des bas-fonds. Les
autres furent mal postées. Les moyens inventés
pour les garantir des boulets rouges furent in-
suffisants. Elles furent incendiées, les unes par
l'ennemi, les autres par leurs équipages, obligés
de les abandonner sous le feu des Anglais, qui
abîma la plupart de ces malheureux. La flotte,
par des accidents de mer, n'avait pu prendre part
à l'action.

Après cette malheureuse journée, on reprit le
blocus; mais la mer favorisa encore les Anglais.
A la suite d'une tempête qui avait maltraité et
écarté la flotte franco-espagnole, l'amiral Howe,
arrivé d'Angleterre avec trente-quatre vaisseaux
de ligne, parvint à franchir le détroit et à ravitailler de nouveau Gibraltar. La flotte combinée

ne put le joindre que lorsqu'il avait déjà dépassé
le détroit. L'avant-garde, composée d'une escadre
française, commandée par le brave la Motte-
Piquet, canonna vivement et endommagea l'ar-
rière-garde anglaise; mais l'amiral Howe, qui
avait rempli sa mission en ravitaillant Gibraltar,
évita une affaire générale et regagna les mers
britanniques.

A compter de ce jour, aucune attaque sérieuse
ne fut plus tentée contre Gibraltar; on reprit un
simulacre de blocus, qui devenait de jour en
jour moins rigoureux; car on savait que des préliminaires de paix se poursuivaient activement
entre les parties belligérantes. Enfin, le 3 septembre 1783, furent signés les traités définitifs
qui assuraient l'indépendance des États – Unis
d'Amérique, leur reconnaissance par l'Angleterre, et la paix entre cette dernière puissance et
la France ainsi que ses alliés.

Déjà avant la signature de la paix, le corps
des volontaires français, dont les services étaient
devenus à peu près inutiles, s'était dissous. Quelques-uns de ceux qui le composaient prirent du

service en Espagne, les autres rentrèrent en
France. La Tour d'Auvergne fut vivement sollicité d'imiter les premiers. On lui fit les offres les
plus brillantes; mais rien ne fut capable de le
séduire. Il partit dès le mois d'août pour rejoindre ses drapeaux; toutefois, comme son congé
était loin d'être expiré, il mit à profit le temps
qui lui restait pour faire de nouvelles recherches
linguistiques dans les pays qu'il avait à par-
courir.

Il séjourna pendant quelques mois dans les
provinces basques, au delà et en deçà des Pyrénées, afin d'étudier les mœurs et surtout la
langue de ce peuple, qui, ainsi que le bas-
breton, remonte à la plus haute antiquité. En
effet, s'il est un spectacle digne de fixer l'attention du philosophe et de l'observateur au milieu
du morcellement du globe en tant de nations et
de races différentes, c'est, sans contredit, la
présence, à l'extrémité occidentale de l'Europe,
de ces deux peuples singuliers, qui, jetés, comme
un monument antique, l'un sur la presqu'île
armoricaine, l'autre entre la France et l'Espagne,

entre les Pyrénées et l'Océan, semblent, par
leurs mœurs, leur langue et leurs usages, sé-
questrés du monde entier, étrangers au boule-
versement des empires et stationnaires à côté des
progrès de la civilisation.

Cette étude avait d'autant plus d'attrait pour
la Tour d'Auvergne, que plus il s'y appliquait,
plus il trouvait d'analogie entre la destinée de
ces deux peuples. Ainsi, pendant son séjour en
Espagne, et d'après les renseignements qu'il
avait pris auprès des savants de ce pays, il reconnut que la plupart des désignations topo-
graphiques usitées dans la Péninsule jusqu'à nos
jours, ont évidemment une origine basque,
preuve manifeste que l'espace limité par la Méditerranée, l'Océan et les Pyrénées a été à la fois
ou tour à tour occupé par le peuple basque ou
escualdernac, comme il s'appelle lui-même, ou
cantaber (cantabre), comme l'appelaient les Romains. Vainement les Phéniciens, les Grecs, les
Carthaginois, les Romains, les Goths, les Alains,
les Suèves, les Vandales, tous les barbares du
Nord, les Maures et toutes les phalanges afri-

caines se sont heurtés et se sont succédé dans l'ancienne Bétique; quand le peuple basque, ou cantabre, n'a plus dominé ces contrées, qu'il a été refoulé par les envahisseurs dans les contrées les plus âpres des Pyrénées, les noms par lui imposés y sont restés debout, comme d'immortels témoins de sa puissance. En effet, il suffit de prendre un dictionnaire géographique et un vocabulaire basque, pour se convaincre qu'il n'existe dans la Péninsule hispanique presque aucun nom de ville, de village, de bourg, de montagne, de colline, de plaine, de vallée, de fleuve, de rivière, de ruisseau, de forêt, dont l'origine ne soit incontestablement basque. Mais les noms basques si fréquents en Espagne, et qu'on retrouve encore sur le versant septentrional des Pyrénées, disparaissent à mesure qu'on s'en éloigne. A vingt lieues au nord de ces montagnes, on n'en rencontre plus : circonstance qui démontre que la domination des Cantabres ne s'est jamais étendue dans les Gaules, au moins d'une manière quelque peu stable.

En appliquant à cette dernière contrée le

procédé dont nous avons parlé pour l'Espagne,
c'est-à-dire en recherchant l'étymologie d'une
foule de noms propres de lieux, de villes, de
montagnes, de rivières, de peuplades, de per-
sonnages historiques, on retrouve l'origine de
ces noms dans la langue que parlent encore aujourd'hui les Bas-Bretons; d'où l'on conclut que
cette langue était répandue autrefois dans les
Gaules comme le basque ou l'*escuara* l'était en
Espagne; que c'était donc la langue parlée par
les anciens Gaulois ou Gaëls, appelés Keltes par
les Grecs, d'où vient le nom de Celtes donné à
ces peuples, et celui de *celtique* à leur idiome;
qu'enfin, les habitants de quelques cantons de
l'Armorique, et ceci est d'accord avec l'histoire,
sont un débris des anciens Celtes, ou Gaëls ou
Gaulois, refoulé par les invasions successives des
barbares, sur ces plages isolées, comme les
Basques avaient été eux-mêmes refoulés dans les
Pyrénées.

Cette question qui aujourd'hui ne fait plus
l'objet d'un doute, et qui a été depuis suffisam-
ment éclaircie par la science, était encore à cette

époque l'occasion d'une controverse animée entre
les linguistes. Chacun avait son système, et s'ef-
forçait de le faire prévaloir. Ainsi un enthou-
siaste de l'idiome basque prétendait que cette
langue était celle que parlaient Noé et sa famille
dans l'arche; tandis qu'un partisan du bas-breton
soutenait que le celtique était parlé par nos
premiers parents dans le paradis terrestre.

A côté de ces exagérations, quelques savants
sérieux se livraient à des recherches consciencieuses, et produisaient des travaux qui, bien
qu'empreints encore d'un esprit systématique,
où l'imagination prenait trop souvent la place
des faits, devaient contribuer à éclaircir la question. Parmi ces derniers, nous en citerons un
qui fut l'ami particulier de la Tour d'Auvergne,
et, en quelque sorte, son initiateur et son direc-
teur dans ces sortes d'élucubrations. Nous vou-
lons parler de Jacques le Brigant, qui a acquis
une certaine notoriété au siècle dernier comme
savant linguiste, et qui fixa l'attention générale
par la publication de plusieurs ouvrages remar-
quables, et entre autres d'un livre intitulé : *La*

Langue primitive conservée. Dans ce dernier ouvrage, après des observations très-judicieuses et
non moins curieuses sur les langues anciennes et
modernes, l'auteur prétend faire dériver toutes
les langues du celtique. Pour appuyer son opinion par des exemples, il extrait plusieurs passages de la *Genèse*, notamment celui-ci, modèle
du sublime ; *Dieu dit : Que la lumière soit, et
la lumière fut.* Il présente successivement cette
phrase dans les langues hébraïque, chaldéenne,
syriaque, arabe, persane, grecque, latine, française, et la compare à la même phrase traduite en
celtique. Il prétend établir, dans des chapitres
séparés, les rapports existants entre la langue
celtique et le chinois, le sanscrit, le galibi ou
langue des Caraïbes, et l'idiome de l'île de Taïti.
Mais ses étymologies sont pour la plupart forcées,
et son système devient absurde par l'extension
qu'il lui donne.

Ici se place naturellement une anecdote que
nous allons rapporter, pour montrer à nos jeunes
lecteurs à quel point peut s'égarer un esprit
doué pourtant de beaucoup d'intelligence et de

jugement, mais aveuglé par une opinion systématique devenue une sorte d'idée fixe.

Un grand nombre de savants suivaient avec
intérêt les travaux de M. le Brigant, et plusieurs
même s'honoraient du titre de ses disciples, tels
que la Tour d'Auvergne, Court de Gébelin, le
chevalier d'Oraison et d'autres. Plusieurs d'entre
eux essayèrent, mais en vain, de lui faire comprendre le tort qu'il faisait à son système en
voulant en forcer l'application d'une manière
si étendue et si peu justifiée; mais, loin d'être
convaincu, il n'en soutint qu'avec plus d'entêtement qu'il était dans le vrai. Alors Gébelin
et le chevalier d'Oraison imaginèrent une mystification qui devait, selon eux, produire sur lui
plus d'effet que tous leurs arguments. Un jour,
ils lui annoncèrent qu'il venait d'arriver du
Havre à Paris un jeune insulaire de l'Océanie,
et que personne ne pouvait comprendre la langue
qu'il parlait. Le Brigant témoigna un vif désir de
le voir, et ces messieurs convinrent de le lui présenter dans une réunion où il devait se trouver à
quelques jours de là.

Ce jeune insulaire n'était autre qu'un acteur comique d'un des théâtres secondaires de Paris, à qui l'on avait fait apprendre un certain nombre de mots forgés par Gébelin, et qui n'appartenaient à aucune langue. Au jour fixé, devant une société nombreuse, notre comédien, vêtu à l'européenne, mais la figure peinte et tatouée à la mode indienne, s'avança d'un air grave, conduit par un officier de marine, ou du moins par un personnage qui en portait l'uniforme ; car c'était un des camarades du prétendu insulaire, qui s'était chargé du rôle de son conducteur.

Après les présentations d'usage, le chevalier d'Oraison demanda au marin : « Dans quelle île de l'Océanie est né votre jeune protégé ?

— A Noukahiva, l'une des Marquises, répondit sans hésiter le soi-disant marin, où nous avons relâché l'année dernière.

— Et comment s'est-il décidé à entreprendre un si long voyage ?

— Il est fils d'un des chefs de l'île, qui a connu M. de Bougainville lorsqu'il a visité ces mers il y a une quinzaine d'années. Ce chef avait pris si fort en amitié notre illustre compatriote et ses compagnons, qu'il aurait désiré lui confier son fils pour l'amener en France et lui faire connaître les merveilles de notre civilisation ; mais l'enfant était trop jeune alors pour pouvoir supporter les fatigues d'un pareil voyage, et le père se vit forcé, bien à regret, de renoncer à ce projet. Lorsque, l'année dernière, notre navire s'est présenté dans ces parages et a abordé dans cette île, nous avons été accueillis comme de vieilles connaissances et d'anciens amis. Le vieux chef, en entendant parler de M. de Bougainville par notre capitaine qui le connaît particulièrement, ne put s'empêcher de verser des larmes d'attendrissement ; il nous raconta le projet qu'il avait formé autrefois, et il manifesta le désir de le réaliser aujourd'hui que son fils était devenu le grand garçon que vous voyez. Notre capitaine y consentit sans difficulté, le jeune homme ne demandait pas mieux, et c'est ainsi qu'il s'est embarqué avec nous.

— Fort bien, dit alors M. le Brigant ; mais comment pouviez-vous vous faire comprendre de ces peuples dont vous ne connaissiez pas la langue?

— Nous avions dans notre équipage un matelot qui avait fait autrefois, comme novice à bord du vaisseau de M. de Bougainville, le voyage de l'Océanie; il était resté pendant près de six mois dans une des îles de la Société, et pendant ce temps il avait appris à parler la langue de ces peuples assez bien pour se faire parfaitement comprendre des naturels de toutes les îles de cette partie de l'Océanie : c'est lui qui nous servait d'interprète. Sa présence à bord, à notre retour, fut fort agréable à notre jeune Noukahivien, qui aimait à causer avec lui dans sa langue maternelle; malheureusement, ce pauvre matelot se noya ou plutôt fut dévoré par un requin en se baignant dans la rade de Valparaiso, où nous avions relâché. Ce fut un grand chagrin pour notre passager, qui, ayant eu jusque-là la facilité de communiquer avec nous à l'aide de son interprète, ne pouvait plus nous parler que par signes, entremêlés de mots de son jargon, que personne de nous ne comprenait. Cela lui causait parfois un tel dépit qu'il en pleurait de rage. Enfin, peu à peu, il a appris quelques mots, puis quelques phrases en français ; maintenant il comprend assez bien notre langue, mais il ne la parle toujours que très-difficilement. Ce qui le chagrine surtout, c'est de n'avoir encore trouvé, parmi tant d'hommes qu'il a rencontrés depuis son arrivée en France, personne qui comprenne son langage maternel ; aussi a-t-il été heureux d'apprendre qu'il existait ici un savant en état de le comprendre, et c'est avec bonheur qu'il s'est rendu à la gracieuse invitation de M. de Gébelin, qui s'est chargé de le lui faire connaître. »

Cette histoire, ou plutôt cette fable, fut débitée avec un aplomb et un naturel dont M. le Brigant fut aisément dupe.

« J'espère, dit-il, pouvoir comprendre votre jeune et intéressant protégé ; seulement je ne puis pas lui répondre dans sa langue ; car celle dont je me servirais, quoique ayant la même origine, comme j'en suis convaincu, serait inintelligible pour lui, en raison des altérations subies par la langue primitive, et surtout de la différence de prononciation.

3

— Oh ! cela ne fait rien, reprit le faux marin ;
il sera amplement satisfait s'il voit que vous le
comprenez ; et vous pourrez lui répondre en
français ; il en sait assez pour vous bien comprendre. Maintenant, monsieur, vous plaît-il de
commencer l'épreuve ?

— A l'instant même, répondit le Brigant, en
s'asseyant derrière une table sur laquelle il avait
fait placer du papier, de l'encre et des plumes ;
seulement, ajouta-t-il, dites-lui de parler lentement et distinctement, afin que je puisse écrire
les phrases qu'il prononcera. »

Le marin répéta cette recommandation au
jeune Noukahivien ; celui-ci fit signe qu'il avait
compris, et, s'approchant de la table d'un pas
grave, il leva les mains à la hauteur de ses yeux,
fit un profond salut à M. le Brigant, puis se rele-
vant, il prononça avec un grand sérieux et une
sorte d'emphase les mots suivants :

« Thara kigo louac tonga zmno laïo taïé
tabou. »

Le savant lui fit répéter plus lentement ces
paroles, afin de pouvoir les écrire. Le fils du

chef noukahivien se prêta de bonne grâce à cette
demande, et répéta les mêmes mots en les accen-
tuant par des inflexions particulières, et en con-
servant toujours un imperturbable sang-froid,
qui faillit faire éclater de rire plus d'un assistant.
Le Brigant, préoccupé de l'explication de ce qu'il
venait d'écrire, ne s'aperçut de rien. Après un
instant de méditation, il se tourna vers l'assemblée, et dit : « Messieurs, ce jeune homme
dit : Bonjour, seigneur; comment vous portez-
vous ? »

L'Océanien fit un signe d'assentiment, et recommença à prononcer d'autres paroles que le
Brigant continuait d'écouter et de traduire sans
aucune hésitation, lorsque tout à coup cette
scène fut interrompue par un formidable éclat
de rire de toute l'assemblée, auquel se joignit
le rire non moins bruyant du marin et du Noukahivien lui-même.

Le Brigant se leva, en promenant des regards
étonnés sur l'assemblée, comme pour demander
l'explication de cette hilarité insolite. Le chevalier d'Oraison lui dit alors : « Mon cher maître,

pardonnez-nous une petite espiéglerie qui n'est autre chose qu'un argument contre votre système de prétendre que la langue bas-bretonne ou celtique est la langue primitive, et que toutes les autres en dérivent. » Alors il lui raconta tous les détails de la plaisanterie que Gébelin et lui avaient imaginée, et comment ils avaient eux-mêmes forgé au hasard les mots qu'avait prononcés le prétendu insulaire de l'Océanie.

Le Brigant écouta avec calme ces explications ; puis, quand on le croyait prêt à reconnaître son erreur, il s'écria tout à coup, d'un ton solennel et convaincu : « Messieurs, vous croyiez avoir imaginé un moyen de ruiner mon système à mes propres yeux ; eh bien, c'est ce qui vous trompe, et le tour que vous m'avez joué ne fait que me confirmer dans mon opinion. En effet, les mots que vous dites avoir inventés, appartiennent réellement à la langue celtique ; car, ajouta-t-il avec emphase, sachez-le bien, messieurs, *il n'y a et il ne peut y avoir dans l'univers un mot qui ne soit celtique.*

A une pareille déclaration, il n'y avait rien à

répliquer ; chacun se retira les uns en souriant de
l'entêtement ridicule du vieillard, les autres en
gémissant de cette aberration de l'esprit chez un
homme distingué sous tant de rapports. Pour lui,
persistant dans son idée, et afin de l'affirmer
d'une manière plus authentique, il fit graver un
cachet dont il se servit dès lors pour sa corres-
pondance, et qui porte cette devise : *Celtica
negata, negatur orbis*.

La Tour d'Auvergne n'avait pris aucune part à
cette mystification, qui, du reste, ne s'accordait
guère avec la franchise et le sérieux de son
caractère. Il est même probable que s'il en eût
été prévenu, il aurait tout fait pour l'empêcher,
car il avait pour le Brigant autant d'estime que
de véritable amitié. Nous verrons même plus tard
qu'il poussa cette amitié jusqu'au plus sublime
dévouement.

Toutefois, sans partager entièrement les idées
de son maître sur la langue celtique, sans vouloir
soutenir comme lui qu'elle est la langue primitive du genre humain, il lui donne une importance évidemment exagérée, ainsi qu'on peut le

voir dans le grand ouvrage qui nous reste de lui et qui a eu trois éditions. Cet ouvrage a pour titre : *Origines gauloises, celles des plus anciens peuples de l'Europe, puisées dans leur vraie source,* ou *Recherches sur la langue, l'origine et les antiquités des Bretons,* etc. Son dessein, dans ce livre, est de prouver que les Gaulois ont été connus sous le nom de Celtes, de Scythes et de Celto-Scythes; que leur langue s'est conservée dans la Bretagne armorique; qu'on en retrouve des traces dans les langues des divers peuples de l'Europe et de l'Asie, au milieu desquels les Celtes ou Gaulois formèrent des établissements; enfin, *que c'est aux Celtes ou Gaulois que les Grecs et les Romains ont emprunté leur culte et la plupart de leurs usages.* Nous avons souligné cette dernière proposition qui nous paraît un paradoxe insoutenable.

Il serait difficile de dire ce qu'il apporta dans ces travaux de recherches érudites et consciencieuses. Outre les langues anciennes qu'il avait étudiées dès sa jeunesse, il possédait à peu près toutes les langues vivantes de l'Europe, et de

plus il était très – versé dans les différentes
branches de l'histoire ancienne. Il était en cor-
respondance avec les savants de différents pays,
et l'Académie espagnole d'histoire l'avait admis
au nombre de ses membres (1788 ou 1789).

Tandis qu'il se livrait à ces paisibles travaux,
il ne prit aucune part au mouvement social qui
agitait la France à cette époque, et qui éclata
par la révolution de 1789. Étranger à tous les
partis politiques, il se montra seulement dévoué à sa patrie et prêt à sacrifier pour la
défendre son repos, sa fortune et sa vie. Prévoyant que la guerre ne tarderait pas à
éclater, et viendrait interrompre ses studieux
loisirs, il se hâta de publier le fruit de ses
longues recherches, quoiqu'il n'eût pas encore
mis la dernière main à ce travail. Il fit donc
imprimer, en 1792, à Bayonne, où il se trouvait alors avec son régiment, la première édition de son ouvrage, avec ce titre : *Nouvelles
Recherches sur la langue, l'origine et les antiquités des Bretons, pour servir à l'histoire de ce
peuple.* Cette édition est devenue fort rare,

l'auteur, mécontent de son travail, en ayant
supprimé tous les exemplaires qui lui restaient.

Bientôt, comme il l'avait prévu, son devoir
de soldat le força d'abandonner ses occupations
scientifiques. Nous allons le suivre dans cette
nouvelle phase de sa carrière militaire.

CHAPITRE III

Cette même année 1792 fut marquée par une coalition formidable des puissances européennes contre la France. Au nord, les Prussiens avaient envahi notre territoire ; au sud-est, l'Autriche et le Piémont menaçaient le Dauphiné et la Provence ; l'Espagne armait au sud-ouest, et l'Angleterre promenait la guerre maritime sur toutes nos côtes. La Convention, qui gouvernait alors, déploya une énergie extraordinaire pour faire face de toutes parts à ses nombreux ennemis. Des armées furent envoyées simultanément dans le Nord, aux Alpes et aux Pyrénées. La Tour d'Au-

3*

vergne fit partie de l'armée des Alpes, commandée
par le général de Montesquiou-Fezensac, d'une des
plus illustres familles de France.

Ce personnage avait été élevé à la cour, et
attaché comme menin [1] aux enfants de France.
Il joignait à un esprit facile et aimable, aux
manières qui n'appartiennent qu'aux plus hautes
classes de la société, une instruction solide et
variée. Son goût pour les lettres lui avait mérité la
bienveillance particulière du frère du roi, *Monsieur*
(depuis Louis XVIII), dont il fut nommé, en 1771,
premier écuyer. Montesquiou, entré jeune au service, avait été promptement élevé aux grades
supérieurs de l'armée. Il était, au moment de la
Révolution, lieutenant général et décoré des
ordres du roi Il avait été reçu, en 1784, membre
de l'Académie française. Ce ne fut pas sans étonnement que l'on vit cet homme, comblé des faveurs
de la cour, que sa naissance, son éducation, ses

_____

[1] On donnait autrefois en France ce nom à de jeunes
nobles attachés aux enfants de la famille royale pour partager leurs jeux et les accompagner. Le nom de *menin* était
donné plus particulièrement à chacun des six gentilshommes
attachés au dauphin.

relations de famille devaient attacher plus que tout autre à l'ancien régime, embrasser un des premiers le parti de la Révolution. Nommé par la noblesse de Paris député aux états généraux (1789), il donna le signal de la réunion de cet ordre au tiers état. Il prit part ensuite à tous les travaux de l'Assemblée nationale, s'occupant plus sérieusement des questions de finances, dans lesquelles il développa des connaissances qu'on était loin de soupçonner en lui.

A la fin de la session, il fut appelé, comme nous venons de le dire, au commandement de l'armée du Midi ou des Alpes. Il se rendit à Grenoble désigné pour le quartier général, et où devaient se réunir les divers corps destinés à la composition de cette armée.

Parmi les régiments déjà arrivés au lieu du rendez-vous, se trouvait celui dont faisait partie le capitaine de la Tour d'Auvergne. Montesquiou le connaissait de réputation, et comme officier distingué, et comme savant laborieux et érudit. Il voulut aussi, comme autrefois le duc de Crillon, lui faire accepter un grade supérieur; la Tour

d'Auvergne s'en défendit avec la même obstination. Dans un entretien particulier qu'il eut avec
lui à ce sujet, le général renouvela ses instances.

« Je conçois, lui dit-il, votre refus lors de l'expédition de Mahon; la plupart de vos camarades
étaient des gentilshommes comme vous, plusieurs
étaient vos anciens dans le service; et dans de
pareilles conditions, je comprends que vous n'ayez
pas accepté des fonctions qui peut-être vous
eussent fait des jaloux. Je comprends encore que
depuis ce temps-là vous n'ayez pas sollicité un
avancement qui vous était dû à tant de titres;
car alors toutes les places étaient encombrées; on
n'obtenait guère celles qui devenaient vacantes
que par des protections ou par l'intrigue; et si
parfois on en accordait au mérite, ce n'était encore
qu'après des démarches auprès des chefs ou dans
les bureaux du ministère, et je conviens que le
métier de solliciteur ne pouvait convenir à l'indépendance et à la franchise de votre caractère. Mais
aujourd'hui les choses sont bien changées; le plus
grand nombre des officiers appartenant à la noblesse, surtout dans les hauts grades, ont quitté

le service militaire et même ont émigré ; de sorte
que l'armée serait bientôt désorganisée si les anciens officiers restés à leur poste n'étaient appelés à remplir les hauts emplois laissés vacants.
Ainsi vous, monsieur, vous n'êtes plus à votre
place dans l'emploi subalterne que vous occupez ;
vous avez la capacité nécessaire, et tous les droits
acquis par trente ans de loyaux services, pour
exercer les fonctions de chef de corps ou tout autre
emploi équivalent et même supérieur ; eh bien, je
prétends que c'est un devoir pour vous d'accepter
ces fonctions, — que vous n'avez point sollicitées,
peut-être par une fausse modestie, — mais que
vous devez accepter, je le répète, parce qu'elles
vous fourniront l'occasion de rendre à la patrie
de plus éclatants services que vous ne pouvez
le faire à la tête d'une simple compagnie de grenadiers.

— Si, comme vous le dites, monsieur, répondit
la Tour d'Auvergne, j'avais la certitude d'être
plus utile à la patrie dans un poste plus élevé que
dans celui de simple capitaine, je n'hésiterais pas
à accepter vos offres ; mais c'est précisément parce

que j'ai la certitude du contraire que je ne saurais
les accepter, et ce n'est de ma part, soyez-en persuadé, ni fausse modestie, ni défiance de moi-
même : c'est conviction. Si j'avais vingt-cinq ou
trente ans de moins, peut-être me laisserais-je
entraîner à cette idée de pouvoir servir ma patrie
d'une manière plus efficace en me chargeant d'un
commandement supérieur ; mais aujourd'hui je
suis vieux, je n'ai plus cette activité et ce coup
d'œil qui n'appartiennent qu'à la jeunesse, et qui
sont indispensables pour l'exercice de pareilles
fonctions. C'est tout au plus si je suis encore assez
bon pour remplir mon emploi de capitaine ; parfois
il me vient des scrupules de conserver mes épaulettes ; je suis tenté de les céder à un plus digne
que moi de les porter, et de prendre le simple
mousquet de grenadier ; la seule chose qui m'arrête, c'est que tous mes soldats me connaissent et
m'aiment comme leur père ; je vis au milieu d'eux
comme s'ils étaient mes enfants ; ils seraient réellement affligés si je les quittais. De sorte qu'avec
de pareilles dispositions de leur part, je puis
obtenir de ces braves gens ce qu'un autre plus

jeune que moi n'obtiendrait peut-être que difficilement; c'est pour cela que je puis encore être de
quelque utilité dans le poste que j'occupe, tandis
que dans un poste plus élevé je serais complétement déplacé.

— Je comprends vos raisons, reprit Montesquiou, mais je suis loin de les approuver. Chez
vous, je le reconnais, il n'y a pas de fausse
modestie; il y a, au contraire, une modestie véritable, mais excessive, exagérée. Comment! vous
prétendez à votre âge avoir déjà perdu cette activité et cette vivacité de coup d'œil indispensables
à un chef chargé d'un commandement supérieur;
mais vous n'avez pas encore atteint la cinquantaine;
c'est-à-dire que vous êtes arrivé à cet âge où, si
l'on a perdu quelque peu de l'ardeur et de la fougue
de la jeunesse, on a acquis en compensation l'expérience, le sang-froid, et une sûreté de coup
d'œil qui vaut mieux qu'une vivacité peu réfléchie.
C'est à cet âge précisément, — à quelques excep-
tions près, — et même dans un âge beaucoup
plus avancé, que les plus grands capitaines ont
déployé tout leur talent et brillé de toute leur

gloire. Je ne vous en citerai pas les nombreux exemples que nous offre l'histoire, et que vous connaissez mieux que moi ; je ne vous parlerai que d'un seul héros, parce qu'il appartient à votre famille : le grand Turenne avait soixante-quatre ans lorsque la mort le surprit au milieu de ses triomphes, et au moment où il venait de tracer, avec autant d'habileté que d'audace, le plan d'une bataille qui devait être pour lui une nouvelle victoire. — Mais, sans remonter si haut, Dumouriez et Kellermann, qui viennent de gagner ces jours derniers, si glorieusement, la bataille de Valmy[1], sont plus âgés que vous et moi... ; et puisque je viens de parler de moi, qui suis votre aîné de deux ans au moins, ajouta-t-il en souriant, que devez-vous penser, d'après votre système, de ce qu'à mon âge j'ai accepté le commandement en chef d'une armée ?

— Ah ! permettez, monsieur, répondit en souriant à son tour la Tour d'Auvergne, ne me faites pas dire, je vous prie, ce que je n'ai ni dit ni voulu

---

[1] Kellermann était né en 1735 ; Dumouriez, en 1739 ; Montesquiou, en 1741 ; et la Tour d'Auvergne, en 1743.

dire : je n'ai parlé que pour moi, et je n'ai pas,
Dieu merci, la présomption de songer à faire de
ce qui m'est personnel une règle générale, encore
moins une application quelconque à autrui ; au
contraire, je suis parfaitement d'accord avec vous
sur ce point, que la maturité de l'âge est nécessaire
au complet développement des capacités d'un général d'armée ou d'un chef de corps quelconque.
J'irai plus loin : c'est que, malgré ce que je vous ai
dit, je ne me regarde pas comme une exception
à cette règle, et je ne crois pas qu'il existe en moi
un manque absolu de capacité pour un commandement en chef ; il est même probable que si je
m'étais trouvé plus tôt, par l'effet des circonstances, élevé à un grade supérieur, j'aurais dirigé
mes pensées et porté mon application au développement de cette aptitude plus ou moins pronon-
cée ; et que si la Révolution m'eût trouvé colonel,
ou maréchal de camp, ou lieutenant général, je
n'aurais pas songé à donner ma démission ; j'aurais continué à servir mon pays dans mon grade,
et à en remplir de mon mieux les devoirs. Mais il
y a si longtemps que je suis capitaine, qu'il me

serait pénible, je l'avoue, de m'accoutumer à
de nouvelles fonctions, à de nouvelles études,
et surtout à une responsabilité plus grande et
peut-être au-dessus de mes forces.

— Voilà précisément ce que j'avais soupçonné,
reprit Montesquiou sur le ton de l'enjouement : il
y a chez vous tout à la fois excès de modestie,
défiance de vous-même, et puis, il faut bien le
dire, un peu de paresse, qui craint de se déranger
de ses habitudes. — Savez-vous, monsieur, continua le général d'un ton plus sérieux, que ce
serait fâcheux, si votre exemple était suivi par le
petit nombre d'anciens officiers qui restent encore
dans l'armée? car cela tendrait à sa désorganisa-
tion, maintenant qu'elle a été abandonnée de
la plupart de ses chefs.

— Sous ce rapport, mon général, reprit vivement la Tour d'Auvergne, nous ne sommes plus
du tout d'accord.

— Comment! prétendriez-vous, par hasard,
que l'armée puisse se passer d'officiers?

— Non, certainement; mais elle n'en manquera pas, je vous le garantis.

— Sans doute, des officiers inférieurs, comme
on en a déjà fait avec les anciens sergents pour
remplir les cadres ; mais des chefs de corps, mais
des officiers supérieurs, où les trouverez-vous, si
des hommes distingués comme vous par leur naissance et leurs capacités refusent de se mettre sur
les rangs ?

— D'abord, ne parlons pas de la naissance :
vous savez qu'aujourd'hui c'est un titre sans
valeur. Quant aux autres conditions, permettez-
moi, monsieur, de vous expliquer en entier ma
pensée ; ce sera, d'ailleurs, le moyen de vous faire
connaître le motif le plus sérieux qui m'empêche
d'accepter un emploi supérieur à celui que j'occupe aujourd'hui.

Nous sommes dans un temps de rénovation
sociale : de la base au sommet, tout est changé,
tout est bouleversé. A ce nouvel ordre de choses
il faut des hommes nouveaux. Vous craigniez tout
à l'heure que l'armée ne manquât de chefs capables ; et moi je crois qu'elle ne manquera pas plus
de généraux que de soldats, et qu'il en surgira de
toutes parts qui étonneront le monde. Voyez déjà

quel élan extraordinaire se manifeste : les vieilles
bandes du grand Frédéric viennent d'être vaincues
par de jeunes volontaires, dont la plupart voyaient
le feu pour la première fois. La France est tellement imprégnée de l'esprit militaire, qu'elle
manquera plutôt de bons législateurs, de magistrats éminents, d'administrateurs habiles, qu'elle
ne manquera de guerriers intrépides et de chefs
capables de les conduire à la victoire. Mais pour
diriger l'ardeur de ces jeunes soldats, il faut,
comme je l'ai dit, des hommes nouveaux, des
hommes qui par leur naissance, leurs antécédents,
leur position sociale, n'inspirent aucune défiance.
C'est pour cela précisément que je veux autant
que possible me tenir à l'écart et rester ignoré
dans mon modeste poste de capitaine, qui ne peut
exciter l'ambition de personne, ni par conséquent
attirer l'attention sur moi ; tandis que si je me
mettais en avant, si j'obtenais un grade supérieur,
il se trouverait une foule de gens qui ne man-
queraient pas de se récrier et de m'accuser d'intrigue et d'ambition. « Voyez-vous ces ci-devant !
diraient-ils, malgré l'abolition de leurs priviléges,

ils sont toujours les mêmes; ils oublient que maintenant nous sommes sous le règne de l'égalité; ils veulent encore occuper toutes les places comme autrefois. »

— Ce que vous dites là, monsieur de la Tour d'Auvergne, reprit Montesquiou en poussant un profond soupir, n'est malheureusement que trop vrai, et moi-même j'en ai déjà fait l'épreuve.

— Oui, je sais que vous avez été mandé à la barre de l'Assemblée législative, j'ignore pour quel sujet; dans tous les cas, vous avez facilement triomphé de vos accusateurs, puisque vous êtes revenu, après une courte absence, reprendre le commandement de votre armée.

— Oui, sans doute, j'ai facilement triomphé de mes ennemis; ils m'accusaient de trop de lenteur à prendre l'offensive et à envahir les états du roi de Sardaigne. Il ne m'a pas été difficile de convaincre l'Assemblée que ces retards tenaient uniquement au défaut de moyens d'opérer un pareil mouvement. Ces moyens m'ont été fournis, et dès demain je vais commencer mes opérations. J'espère que le succès complètera ma justification, à moins

que, comme vous me le faisiez observer tout à
l'heure, je ne porte avec moi cette tache originelle
d'avoir appartenu à l'ancien régime, malgré ma
conduite dans l'Assemblée constituante; mais
cette appréhension ne m'empêchera pas de remplir mon devoir dans toute son étendue et de
rester fidèle à la devise de nos pères : *Fais ce que
dois, advienne que pourra.* Seulement, je regrette
que vous ne puissiez accepter un poste qui m'eût
mis en rapport plus direct avec vous; toutefois
j'espère bien que vous ne refuserez pas de faire
partie d'un conseil de guerre que j'ai commencé à
organiser, et qui doit être composé d'officiers
appartenant à différentes armes et à différents
grades, choisis parmi les plus anciens de l'armée.
Mon but, en créant ce conseil, est de m'éclairer,
dans les occasions difficiles, des lumières d'hommes
mûris par l'expérience et la science de la guerre;
à ce double titre, mon choix ne pouvait manquer
de se fixer sur vous, et cette fois, j'espère que
vous ne refuserez pas ce que je vous demande
comme un service personnel.

La Tour d'Auvergne consentit à accepter des

fonctions qui, sans le mettre en évidence, pouvaient lui fournir d'assez fréquentes occasions
d'être utile.

Pendant la durée de cette courte campagne, les
membres du conseil de guerre se trouvèrent rarement réunis tous ensemble; mais Montesquiou
s'arrangea toujours de manière à ce que la Tour
d'Auvergne ne manquât à aucune de ces réunions;
de plus, ce général le consultait souvent seul,
et toujours il eut à se louer de la sagesse de
ses avis.

Le lendemain du jour où il avait eu avec la
Tour d'Auvergne la conversation que nous avons
rapportée plus haut, Montesquiou commença à
mettre son armée en marche. Il donna une division
au général Anselme, pour passer le Var et se
porter sur Nice à un signal donné; lui-même
se mit à la tête de la plus grande partie de son
armée, et marcha seul sur la frontière de Savoie.

Au moment où son avant-garde pénétrait sur le
pays ennemi, un nouveau mandat de comparution
devant la Convention lui fut signifié. Il fit venir

la Tour d'Auvergne, et lui montrant l'acte dont
on venait de lui remettre une copie : « Tenez,
lui dit-il, lisez cela : voilà un nouveau trait que
me lancent mes ennemis ; qu'en pensez-vous?

— Comment! s'écria la Tour d'Auvergne, c'est
pour la conduite que vous avez tenue à Avignon
qu'on ose vous accuser! vous qui n'avez fait autre
chose en arrivant dans cette malheureuse ville,
après les troubles qui l'avaient ensanglantée, que
de prendre les mesures les plus sages et les plus
efficaces pour empêcher le retour de ces scènes de
carnage!

— Cela est ainsi. Mais dois-je ou non obéir au
mandat de comparution qui m'est adressé? Dites-
moi franchement ce que vous feriez à ma place. »

La Tour d'Auvergne, après quelques instants de
réflexion, répondit : « Si, il y a deux ou trois
jours seulement, vous aviez reçu ce message, vous
n'auriez pu, je le pense, vous dispenser d'obéir ;
mais aujourd'hui que votre armée est en marche,
que la frontière est franchie sur plusieurs points,
que déjà vos avant-postes ont fait le coup de feu
avec l'ennemi, vous retirer serait une faute impar-

donnable. Si vous la commettiez, cette faute, vos
ennemis seraient les premiers à vous en faire un
crime. Vous me demandez ce que je ferais à votre
place; eh bien, je mépriserais cette nouvelle attaque de mes ennemis, je marcherais résolûment en
avant, et je n'épargnerais rien pour répondre par
la victoire à la malveillance et à la calomnie :
ce serait le moyen le plus sûr de vous justifier et
de fermer la bouche à vos adversaires.

— Merci, mon brave la Tour, s'écria Montesquiou en lui prenant la main qu'il serra avec effusion; vous me comblez de joie en me parlant
comme vous venez de le faire; savez-vous pourquoi? Eh bien, c'est que j'avais déjà résolu d'agir
de la même manière que vous me le conseillez; et
quoique je suivisse en cela l'impulsion de ma
conscience, je suis heureux de me rencontrer en
communauté de pensées et de sentiments avec un
homme tel que vous. Tenez, lisez la copie de
la lettre que je viens d'envoyer à Pache (c'était
le ministre de la guerre), et vous y verrez que
je n'ai pas hésité un instant à prendre cette résolution.

4

La Tour d'Auvergne parcourut le papier et dit, en le rendant à Montesquiou : « Très-bien, général ; allons maintenant chercher en Savoie votre justification complète. »

Quelques instants après, Montesquiou faisait menacer les troupes sardes par Saint-Geniès ; et, s'avançant lui-même du fort Barraux (1) sur Mont-mélian (2), il parvint à les diviser et à les rejeter dans les vallées. Tandis que ses lieutenants les poursuivaient, il se porta, sans rencontrer la moindre résistance, sur Chambéry, où l'armée française fit une entrée triomphale, le 28 septembre 1792. Les habitants reçurent les Français comme des frères qui parlent la même langue et ont les mêmes mœurs. Montesquiou forma aussitôt une assemblée de Savoisiens, pour y faire délibérer sur une question qui ne pouvait pas être douteuse, celle de la réunion à la France. Cette

1 Le fort Barraux, département de l'Isère, arrondissement de Grenoble, était alors le dernier village français, à deux kilomètres de la frontière de Savoie.

2 Montmélian était la première ville des États-Sardes, aujourd'hui chef-lieu de canton du département de la Savoie, arrondissement de Chambéry.

question fut résolue à l'immense majorité, sinon à l'unanimité des votants.

Au même instant, Anselme, que Montesquiou avait détaché dans le comté de Nice, renforcé de six mille Marseillais, qu'il avait demandés comme auxiliaires, s'était approché du Var, torrent inégal, comme tous ceux qui descendent des hautes montagnes, tour à tour immense ou desséché, et ne pouvant pas même recevoir un pont fixe. Anselme passa très-hardiment le Var, et occupa Nice, que le comte Saint-André venait d'abandonner, et où les magistrats avaient pressé le général français d'entrer, pour arrêter les désordres de la populace, qui se livrait à d'affreux pillages. Les troupes sardes se rejetèrent vers les hautes vallées; Anselme les poursuivit; mais il s'arrêta devant un poste redoutable, celui de Saorgio, dont il ne put jamais chasser les Piémontais.

Pendant ce temps, l'escadre de l'amiral Truguet, combinant ses mouvements avec ceux du général Anselme, avait obtenu la reddition de Villefranche, et s'était porté devant la petite principauté d'O-neille, qu'il était important de soumettre, parce

que ce port servait d'asile ordinaire aux corsaires.
Mais, tandis qu'un canot français, portant pavillon
parlementaire, s'avançait pour s'aboucher avec les
autorités, il fut accueilli, en violation du droit
desgens, par une décharge générale, qui tua
plusieurs matelots L'amiral, embossant alors ses
vaisseaux devant le port, l'écrasa de ses feux, et
débarqua ensuite quelques troupes qui saccagè-
rent la ville. La malheureuse ville d'Oneille subit
sans miséricorde ces terribles représailles qu'au-
torisent les lois de la guerre. Après cette expédition, l'escadre française retourna devant Nice, où
Anselme, séparé du reste de l'armée par les
crues du Var, se trouvait dangereusement compromis.

Sur ces entrefaites, Montesquiou s'était avancé
de Chambéry sur le lac de Genève, pour compléter l'occupation et la soumission de la Savoie.
Mais ce mouvement allait le mettre en présence
de la Suisse, très-diversement disposée pour les
Français, et qui voyait dans l'invasion de la
Savoie un danger pour la neutralité.

Les sentiments des cantons étaient très-par-

tagés à notre égard. Toutes les républiques aristo-
cratiques condamnaient la Révolution française.
Berne surtout, et son avoyer Steiger, la détestaient
profondément, et d'autant plus que le pays de
Vaud, sujet de Berne et si opprimé, la chérissait
davantage. L'aristocratie helvétique, excitée par
l'avoyer Steiger et par l'ambassadeur d'Angleterre, demandait la guerre contre nous, et faisait
valoir le massacre des gardes suisses au 10 août,
le désarmement d'un régiment à Aix, et enfin
l'occupation des gorges du Porentruy, qui dé-
pendaient de l'évêché de Bâle, et que Biron
avait fait occuper pour fermer le Jura. Le parti
modéré l'emporta néanmoins, et on résolut une
neutralité armée. Le canton de Berne, plus
irrité et plus défiant, porta un corps d'armée
à Nyon, et, sous le prétexte d'une demande des
magistrats de Genève, plaça garnison dans cette
ville.

Or, d'après les anciens traités, Genève, en cas
de guerre entre la France et la Savoie, ne devait
recevoir garnison ni de l'une ni de l'autre puissance. Notre envoyé en sortit aussitôt, et le conseil

exécutif français (1) ordonna à Montesquiou de
faire exécuter les traités. De plus, on lui enjoignit
de mettre lui-même garnison dans la place, c'est-
à-dire d'imiter la faute reprochée aux Bernois et
de violer comme eux le traité. Montesquiou sentit
d'abord qu'il n'avait pas actuellement les moyens
de prendre Genève, et ensuite qu'en rompant la
neutralité et en se mettant en guerre avec la Suisse,
on ouvrait l'est de la France et on découvrait
le flanc droit de notre défensive.

Ces considérations furent mûrement examinées
et longtemps discutées dans un conseil dont la
Tour d'Auvergne faisait partie. Il fut résolu d'un
côté d'intimider Genève, tandis que, de l'autre,
Montesquiou tâcherait de faire entendre raison au
conseil exécutif. Il demanda donc hautement la
sortie des troupes bernoises, et essaya de persuader
au ministère français qu'on ne pouvait demander

1 Après les événements du 10 août, qui avaient amené la
captivité du roi, l'Assemblée législative s'empara du gouvernement, et, pour exercer le pouvoir exécutif, elle créa, par
une loi du 15 août, un *Conseil exécutif provisoire*, composé
de ministres réunis. La Convention, qui succéda à la Législative, supprima le conseil par une loi du 12 germinal an II.

davantage. Son projet était, en cas d'extrémité, de bombarder Genève, et de se porter par une marche hardie sur le canton de Vaud, pour le mettre en révolution. Genève consentit à la sortie des troupes bernoises, à condition que Montesquiou se retirerait à dix lieues, ce qu'il exécuta sur-le-champ. Cependant cette concession fut blâmée à Paris, et Montesquiou, qui avait fixé son quartier général à Carouge, se trouvait là entre la crainte de brouiller la France avec la Suisse et celle de désobéir au conseil exécutif, qui méconnaissait les vues militaires et politiques les plus sages.

Tandis qu'il poursuivait cette négociation pénible, prolongée par la distance des lieux, il reçut la nouvelle que la Convention venait de le décréter d'accusation, sous le ridicule prétexte qu'il avait compromis la dignité nationale, en laissant insérer dans le projet de convention un article par lequel nos troupes devaient s'éloigner de Genève en même temps que les troupes bernoises sortiraient de cette ville, et surtout en exécutant cet article.

Cette fois, Montesquiou ne songea pas à lutter contre ses ennemis; il crut devoir se soustraire à l'exécution de ce décret. Il quitta précipitamment Carouge, arriva à Genève, emprunta quelques louis à un négociant auquel il avait osé se confier, et se retira dans l'intérieur de la Suisse, où, dans une retraite profonde, il tâcha de se faire oublier et d'attendre des temps meilleurs.

CHAPITRE IV

Quelques jours après l'arrivée de Montesquiou dans sa retraite, la Tour d'Auvergne reçut de lui une lettre dans laquelle il lui expliquait les motifs de son brusque départ. Après cette explication nette, précise, qu'il eût été difficile de réfuter, il protestait avec énergie contre l'imputation qu'on ne manquerait pas de lui faire, d'avoir déserté à l'ennemi, et de vouloir porter les armes contre la France. Sa lettre se terminait ainsi : « Je prépare, dans ma solitude, un mémoire justificatif de ma conduite aux yeux de la nation. Je me propose de le publier lorsque le

4*

calme sera un peu rétabli, et que le retour aux
idées de morale et de justice permettra d'écouter
le langage de la raison et de l'équité; mais en
attendant je tiens, dès aujourd'hui, à me justifier
auprès de mes amis et des personnes dont l'estime est pour moi sans prix. C'est à ce double
titre que je vous adresse cette lettre, que je vous
engage à brûler après l'avoir lue; car les lettres
d'un proscrit peuvent être compromettantes dans
le temps où nous vivons. Je serai très-heureux
de recevoir une réponse par le retour du por-
teur; c'est un homme qui m'est entièrement
dévoué et en qui vous pouvez avoir toute confiance. »

La Tour d'Auvergne s'empressa de lui répondre. « Vous n'aviez pas besoin de justification à mes yeux; j'avais déjà reconnu qu'il vous
eût été difficile d'agir autrement que vous ne
l'avez fait. Je sais bien que, pour le moment, vos
ennemis profiteront de la démarche à laquelle ils
vous ont contraint pour vous calomnier; on
vous portera sur la liste des émigrés; on pu-
bliera que vous êtes allé offrir vos services à

l'ennemi contre votre patrie. Fort de votre conscience, vous mépriserez ces calomnies; quant à
moi, si je les entendais proférer devant moi, j'y
répondrais en montrant cette phrase de votre
lettre : « Quoi qu'il arrive, dans quelque situation que je me trouve, jamais je ne porterai les
armes contre mon pays. La patrie est notre mère,
et quels que soient les torts d'une mère envers
ses enfants, jamais ceux-ci n'ont le droit de se
révolter contre elle; tels sont les sentiments qui
pénètrent mon cœur, et honte à jamais sur moi
si ma conduite ne répondait pas à ces sentiments! » « C'est vous dire, monsieur, que je ne
suivrai pas le conseil que vous me donnez de
détruire votre lettre. Je ne vois pas en quoi elle
pourrait me compromettre, et je la conserve
parce qu'elle peut devenir un jour une pièce
utile à votre justification. Du reste, cette justification a déjà commencé; car tout en vous mettant en accusation pour avoir compromis la
dignité de la France, le conseil exécutif vient
de transiger avec Genève d'après les bases que
vous avez vous-même fixées. Les troupes ber-

noises se sont retirées, les troupes françaises ont
pris leurs cantonnements sur les limites conve-
nues avec vous, la précieuse neutralité suisse
est assurée à la France, et l'un de ses flancs est
garanti au moins pour plusieurs années. Chacun
reconnaît que c'est là votre ouvrage, garanti par
la modération même et par la fidélité à observer
les anciens traités, et que c'est un digne corol-
laire de votre brillante conquête de la Savoie,
opérée par vos rapides et savantes manœuvres
et presque sans tirer un coup de fusil. Je sou-
haite de tout mon cœur que ces nouvelles vous
portent quelque consolation dans votre exil, et
soient comme un avant - coureur du moment
peu éloigné où, je l'espère, pleine justice vous
sera rendue. »

Cet espoir de la Tour d'Auvergne ne se réalisa
que deux ans plus tard, après la chute de Ro-
bespierre et la révolution du 9 thermidor, qui mit
fin au règne de la Terreur. Ce fut alors seulement
que Montesquiou adressa son mémoire justificatif
à la Convention, demandant au besoin des juges,
et un sauf-conduit afin de pouvoir se présenter

devant eux. La déclaration de la Tour d'Auvergne contribua puissamment à lui faire rendre justice. Le décret d'accusation du 9 novembre 1792 fut annulé; le nom de Montesquiou fut rayé de la liste des émigrés; on lui rendit ses biens qui avaient été mis sous le séquestre. Il revint alors à Paris, où il tenta inutilement de se faire nommer député. Il mourut le 30 décembre 1798, à l'âge de cinquante-sept ans. Mais revenons à la Tour-d'Auvergne et à l'armée des Alpes.

Nous sommes arrivés à cette terrible année 1793, qui commença par le martyre de Louis XVI, et qui se poursuivit à travers tous les fléaux de la guerre civile et de la guerre étrangère. Nous n'avons point à raconter ici l'histoire de cette fatale époque; nous n'avons qu'à parler des événements auxquels se trouva mêlé le héros de notre histoire.

L'armée des Alpes, depuis le départ de Montesquiou, était restée tranquille dans ses cantonnements pendant tout l'hiver et une partie du printemps. Pendant ce temps-là les soulèvements de la Vendée, et de plusieurs départements du

Midi, avaient engagé les puissances étrangères à renouveler leurs attaques sur toutes les frontières. Lyon s'était soulevé, et une armée commandée par Dubois-Crancé et Kellermann en faisait le siége, quand les Piémontais, en débouchant par les grandes Alpes dans les vallées de la Savoie, tentèrent une diversion qui obligea Dubois-Crancé et Kellermann à diviser leurs forces. Ce dernier accourut en Savoie, et, prenant le commandement de l'armée des Alpes, il repoussa les Piémontais au delà des Alpes. Dès lors la grande chaîne de ces montagnes nous était restée, et l'armée qui l'avait conquise resta inactive. On en tira plusieurs détachements pour les transporter à l'armée des Pyrénées, où nous avions éprouvé de sanglants échecs. Le régiment dont faisait partie la Tour d'Auvergne formait l'un de ces contingents.

Depuis le mois de mars 1793, l'Espagne avait déclaré la guerre à la France, et deux armées menaçaient de l'envahir l'une par Perpignan, l'autre par Bayonne, c'est-à-dire par les Pyrénées orientales et par les Pyrénées occidentales

ou basses Pyrénées. L'attaque parut d'abord
plus sérieuse du côté de Perpignan, où les
Espagnols avaient une armée nombreuse,
aguerrie et commandée par un général habile,
nommé Ricardos. Celui-ci, après avoir franchi la
vallée du Tech, qui sépare la France de l'Espagne,
s'était emparé de Villefranche, petite forteresse
placée sur le cours supérieur de la Tet, rivière qui
coule parallèlement au Tech, et sur laquelle est
située Perpignan. Notre armée, commandée par
le général Barbantane, ou plutôt par les représentants Fabre et Cassaigne, était concentrée aux
environs de Perpignan, et menacée par Ricardos,
qui s'avançait avec des forces supérieures. Les
représentants, qui exerçaient un pouvoir absolu
dans les armées auprès desquelles ils étaient
envoyés en mission, ôtèrent le commandement
en chef à Barbantane et appelèrent pour le remplacer le vieux général Dagobert, qui dans ce
moment, avec un petit corps de trois mille
hommes au plus, parcourait la Cerdagne, forçait les Espagnols à se replier jusqu'à la Seu
d'Urgel, et s'apprêtait même à les repousser

jusqu'à Camprédon, lorsque l'ordre des représentants l'obligea à revenir en toute hâte sur Perpignan. En attendant l'arrivée du nouveau général, les représentants voulurent tenter un mouvement combiné entre Salces, où était campé le gros de notre armée, et Perpignan, qui renfermait une nombreuse garnison. Ils ordonnèrent donc à une colonne de s'avancer de Perpignan, et d'attaquer les Espagnols par derrière, tandis qu'eux - mêmes, quittant leurs positions, les attaquaient de front. En effet, le 15 septembre 1793, le général Davout, qui commençait alors à se faire connaître [1], sortit de Perpignan à la tête de six à sept mille hommes, tandis que Pérignon [2] commandait les troupes venues du

---

[1] Davout, qui avait été élevé à l'école de Brienne en même temps que Napoléon, n'avait alors que vingt-trois ans. Il prit la part la plus glorieuse aux victoires d'Ulm, d'Austerlitz, d'Auerstaedt, d'Eckmühl, etc. Il fut nommé maréchal d'empire dès la première promotion, en 1804, puis il reçut le titre de duc d'Auerstaedt, et de prince d'Eckmühl. Ministre de la guerre pendant les Cent Jours; pair de France en 1819. Mort en 1823.

[2] Pérignon était né d'une famille noble du Dauphiné, et avait le titre de marquis au moment de la Révolution. Il fut

camp de Salces. Au signal convenu, ces deux troupes se jettent avec impétuosité sur les Espagnols. Ceux-ci, surpris par cette brusque attaque, pressés de toutes parts, s'enfuient derrière la Tet, en abandonnant vingt-six pièces de canon. Ils ne parvinrent à se rallier que dans leur camp retranché du Mas-d'Eu.

Sur ces entrefaites arriva Dagobert. Ce guerrier, âgé de soixante-quinze ans, réunissait la fougue d'un jeune homme à la prudence consommée d'un vieux général. Il se hâta de signaler son arrivée par une tentative sur le camp espagnol du Mas-d'Eu. Cette attaque, quoique très-bien combinée, ne réussit pas, par suite de la défection de plusieurs bataillons, qui, au milieu du combat, mirent bas les armes, en criant : *Vive le roi !* Dagobert, après s'être battu avec une incroyable ardeur, ne pouvant résister à la masse réunie des forces de Ricardos, rallie au-

député à l'Assemblée législative, prit du service dans les armées de la République, devint commandant en chef de l'armée des Pyrénées après Dugommier. Sous l'empire il devint sénateur, maréchal, etc. Pair de France sous la restauration. Mort en 1818.

tour de lui un petit nombre de braves restés
fidèles, et se retire avec quelques cents hommes,
sans que l'ennemi, intimidé par sa fière conte-
nance, ose le poursuivre.

Certainement ce brave général n'avait mérité
que des éloges pour sa fermeté au milieu d'un
tel revers, et si la colonne de gauche eût mieux
agi, si ses bataillons du centre ne se fussent pas
débandés, ses dispositions auraient été couron-
nées d'un plein succès. Néanmoins la défiance
ombrageuse des représentants lui imputa ce
désastre. Blessé de cette injustice, il se démit
du commandement en chef, et retourna prendre
le commandement subalterne de la Cerdagne.
Notre armée se trouva donc encore refoulée sur
Perpignan, et menacée de perdre l'importante
ligne de la Tet. Elle l'eût perdue infailliblement,
si Ricardos, au lieu de marcher en avant, n'eût,
au contraire, rétrogradé sur le Tech. Un renfort
de quinze mille hommes arrivé aux républicains,
l'avait décidé à ce mouvement rétrograde. Il
s'était retranché dans son camp du Boulou, entre
Céret et Ville-Longue, et veillait de là à ses com-

munications en gardant la grande route de Bellegarde. Les représentants Fabre et Gaston, pleins
de fougue, voulurent faire attaquer le camp des
Espagnols, afin de les rejeter au delà des Pyrénées; mais l'attaque fut infructueuse, et n'aboutit
qu'à une inutile effusion de sang.

Le représentant Fabre, impatient de tenter
une entreprise importante, rêvait depuis longtemps une marche au delà des Pyrénées, pour
forcer les Espagnols à rétrograder. On lui avait
persuadé que le fort de Roses pouvait être enlevé
par un coup de main. D'après ses ordres, et
malgré l'avis contraire des généraux, trois colonnes furent lancées sur le territoire espagnol,
pour se réunir à Espola. Mais, trop faibles, trop
désunies, elles ne purent se joindre, furent bat-
tues isolément, et ramenées en deçà des frontières après une perte considérable. Ceci s'était
passé en octobre. Le mois suivant, des orages peu
ordinaires pour la saison grossirent les torrents,
interrompirent les communications des divers
camps espagnols entre eux, et les mirent dans
le plus grand péril.

C'était là une belle occasion de se venger sur
les Espagnols des revers qu'on avait essuyés. Il
ne leur restait que le pont de Céret pour repasser
le Tech, et ils demeuraient inondés et affamés sur
la rive gauche à la merci des Français. Mais rien
de ce qu'il fallait faire ne fut exécuté. Au général
Dagobert avait succédé le général Turreau, à
celui-ci le général Doppet. L'armée était désorganisée. On se battit mollement aux environs de
Céret, on perdit même le camp de Saint-Ferréol,
et Ricardos échappa ainsi aux dangers de sa
position. Bientôt il se vengea bien plus habile-
ment du danger où il s'était trouvé, et le 7 novembre, il fondit sur une colonne française, qui
était engagée à Ville-Longue, sur la rive droite
du Tech, entre le fleuve, la mer et les Pyrénées.
Il défit cette colonne, forte de dix mille hommes,
et la jeta dans un tel désordre, qu'elle ne put se
rallier qu'à Argelès. Immédiatement après, Ricardos fit attaquer la division Delatre à Collioure,
s'empara de Collioure, de Port-Vendre et de
Saint-Elme, et nous rejeta entièrement au delà
du Tech. La campagne se trouva ainsi terminée

dans les derniers jours de décembre. Les Espagnols
prirent leurs quartiers d'hiver sur les bords du
Tech ; les Français campèrent autour de Perpignan et sur les rives de la Tet. Nous avions perdu
un peu de territoire, mais moins qu'on ne devait
le craindre après tant de désastres. C'était du
reste la seule frontière qui eût été entamée, et
où la guerre ne se fût pas terminée glorieusement
pour la France. Du côté des Pyrénées occidentales,
on avait gardé une défensive réciproque [1].

Telle était la situation de notre armée des
Pyrénées, lorsque, afin de remplacer tant de généraux incapables, on envoya pour la commander
le brave Dugommier, qui venait de signaler son
habileté au siége de Toulon. Le régiment de la
Tour d'Auvergne faisait partie des renforts qui
avaient précédé l'arrivée de Dugommier. Les
relations qui vont s'établir entre ces deux per-
sonnages nous engagent à faire connaître à nos
lecteurs quelques détails sur le nouveau général
en chef de l'armée des Pyrénées.

[1] Thiers, *Histoire de la Révolution française*, tom. v,
chap. XIII et XVII, passim.

Dugommier (Jean-François-Coquille) était né
à la Basse-Terre, dans l'île de la Guadeloupe,
en 1736; il avait par conséquent cinquante-huit
ans lorsqu'il vint prendre son nouveau commandement. Dès l'âge de treize ans, il était entré au
service : il y avait obtenu quelque avancement,
et avait mérité la croix de Saint-Louis; mais,
ayant été réformé, il se retira à la Martinique,
où il avait des propriétés considérables. Il porta
dans sa retraite le ressentiment des injustices
dont il croyait avoir à se plaindre, et dès que la
révolution vint à éclater, il s'en montra un des
plus chauds partisans. Le commandement de la
garde nationale de cette île lui ayant été donné
en 1789, il défendit pendant sept mois le fort
Saint-Pierre contre M. de Béhague. Obligé de
céder à la force, et se trouvant placé entre le
ressentiment des colons opposés au système ré-
volutionnaire et la férocité des nègres, que ses
principes avaient si imprudemment armés, il fut
plusieurs fois exposé à perdre la vie, et se vit
obligé de se réfugier dans la métropole, où il
arriva en 1792, sollicitant des secours en faveur

du parti patriotique de la Martinique. L'intérêt
des colonies était alors bien faible à côté des
grands événements qui absorbaient l'attention
publique. Dans un tel état de choses, et chaud
partisan comme il l'était des idées révolution-
naires, Dugommier ne pouvait manquer d'y
prendre une part très-active. Il fut nommé
député de la Martinique à la Convention; mais
il n'accepta pas ce mandat, préférant suivre la
carrière des armes. Il fut envoyé à l'armée des
Alpes avec le grade de général de brigade;
après avoir servi quelque temps avec Montesquiou, où il eut occasion de connaître et d'apprécier la Tour d'Auvergne, il passa à l'armée de
Nice ou d'Italie. Il s'y fit bientôt remarquer par
son courage et son habileté, et obtint le grade de
général de division.

Chargé du siége de Toulon vers la fin de 1793,
il déploya dans la direction de ce siége autant
d'habileté que de vigueur. Il eut à lutter contre
les représentants Fréron et Barras, qui voulaient
prendre des mesures désastreuses; mais il fut
soutenu par un autre représentant, nommé

Gasparin, et par un jeune commandant d'artillerie, dont Dugommier avait su apprécier le
mérite, et dont il avait adopté les plans pour
l'attaque de Toulon : cet officier d'artillerie était
Napoléon Bonaparte. Dans la nuit du 18 au 19
décembre, une redoute, dite le petit Gibraltar,
qui commandait la rade et le port de Toulon fut
prise. « Allez vous reposer, dit le jeune officier
d'artillerie à son brave général ; nous venons de
prendre Toulon ; vous pourrez y coucher après-
demain. » En effet, le 21 décembre, le drapeau
tricolore flotta sur les murs de la ville reconquise, et la flotte anglo-espagnole, à qui elle
avait été livrée par trahison, gagnait précipitamment la haute mer. Dugommier ne souilla
point ses lauriers par l'abus de la victoire.
Modeste et humain, il gémit des excès auxquels
se livrèrent les proconsuls ; il voulut intervenir
et arrêter les actes d'une vengeance cruelle et
stupide ; mais son pouvoir ne répondait pas à
ses bonnes intentions ; il fut forcé de quitter
ses troupes victorieuses, pour aller prendre le
commandement de l'armée des Pyrénées orien-

tales. Seulement, il voulait emmener avec lui le jeune officier d'artillerie dont il avait admiré le sang-froid et le génie au siége de Toulon ; mais cet officier reçut une autre direction, et fut envoyé à l'armée d'Italie. Plus tard, sur le rocher de Sainte-Hélène, Napoléon aimait à parler des talents et de *la bravoure bonhommière* de Dugommier, répétant que c'était peut-être à ce général qu'il devait sa fortune.

Lorsque Dugommier arriva aux Pyrénées, quelques changements avaient eu lieu dans les corps espagnols. Ils occupaient toujours le fameux camp du Boulou qui les rendait maîtres de la ligne du Tech ; seulement ils avaient fait une perte considérable ; c'était celle du brave Ricardos, mort pendant l'hiver des suites des fatigues de la campagne précédente. Cet habile général avait été remplacé par un de ses lieutenants, le comte de la Union, excellent soldat, mais chef médiocre. N'ayant pas encore reçu les nouveaux renforts qu'il attendait, non-seulement il n'osait pas se hasarder en avant, mais tout au plus songeait-il à garder le Boulou.

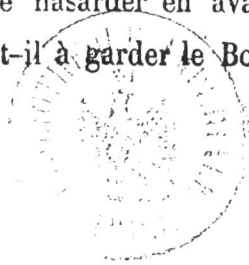

5

Avant de commencer ses opérations, Dugommier assembla un conseil de guerre composé des
généraux sous ses ordres et de quelques officiers
d'un grade inférieur, mais d'un mérite reconnu;
de ce nombre était la Tour d'Auvergne. Personne, parmi ces officiers généraux, ne parut
étonné de voir un simple capitaine siéger au
milieu d'eux. Plusieurs d'entre eux l'avaient
connu à l'armée des Alpes, où déjà il faisait
partie du conseil formé par Montesquiou; les
autres le connaissaient de réputation, et tous
rendaient justice à ses rares qualités. Seul le
représentant du peuple Fabre fit quelques ob-
jections, non sur son rang de simple capitaine,
sous le règne de l'égalité, ce ne pouvait être un
motif sérieux d'exclusion, mais sur sa qualité
d'ancien noble, de *ci-devant*, comme on disait
alors, qualité qui lui inspirait toujours quelque
défiance. « Êtes-vous bien sûr, citoyen général,
dit-il en s'adressant à Dugommier, que ce descendant des Bouillon et des Turenne soit un vrai
républicain?

— Citoyen représentant, répondit gravement

Dugommier, si le plus noble désintéressement,
si le dévouement le plus absolu à l'accomplis-
sement de ses devoirs, si le courage le plus intrépide joint à une modestie qui va jusqu'à
l'abnégation de soi-même, si l'absence de toute
ambition, de tout égoïsme, si, dis-je, de pareilles
qualités peuvent constituer ce que vous appelez
un vrai républicain, je puis vous affirmer sur
l'honneur que je ne connais personne qui mérite
mieux ce titre que le capitaine la Tour d'Auvergne. D'ailleurs vous le verrez au conseil :
quand vous l'aurez entendu parler, et surtout
quand vous l'aurez vu agir, je suis sûr que vous
partagerez mon opinion sur son compte. »

A la réunion du conseil, qui eut lieu quelques
heures après son entretien avec le représentant
Fabre, Dugommier exposa la situation de l'armée
ennemie ; puis il présenta le tableau de notre
propre situation, qui lui permettait de mettre en
ligne trente-cinq mille hommes de bonnes troupes,
tandis que de nouvelles recrues s'organisaient
sur les derrières. Maintenant comment employer
ces ressources de la manière la plus utile ? C'est

sur cette question que s'ouvrit la délibération du conseil.

Le général Dagobert fut d'abord consulté, non pas seulement parce qu'il était le plus ancien de tous les membres du conseil, mais parce qu'il avait combattu dès le commencement de cette guerre, qu'il avait eu même un instant le commandement en chef, et qu'il connaissait mieux qu'un autre le terrain où l'on se proposait de manœuvrer. Ce vieux général, toujours ardent malgré son âge, proposa un plan d'invasion par la Cerdagne, qui, portant les Français au delà des Pyrénées, et sur les derrières de l'armée espagnole, obligerait celle-ci à rétrograder. Après avoir développé son plan, et montré la possibilité et même la facilité de le réaliser, il s'offrit à en commencer lui-même l'exécution, en franchissant la frontière avec sa division, qui formait l'avant-garde de l'armée d'invasion du territoire espagnol.

Ce plan avait quelque chose de séduisant pour l'esprit français; aussi fut-il appuyé par plusieurs généraux, avec quelques modifications dans les détails. D'autres le combattirent comme étant plus spécieux que réellement praticable. Quand la Tour d'Auvergne fut appelé à donner son avis, il s'exprima à peu près en ces termes :

« L'invasion du territoire espagnol proposée par le général Dagobert, me paraît une opération qui peut amener les résultats les plus avantageux pour le succès définitif de la campagne ; seulement je pense qu'il n'est pas opportun de la commencer immédiatement. Sans doute, il est probable que notre entrée sur le territoire espagnol forcerait la Union à lever le camp du Boulou, et à rétrograder vers la frontière ; mais il pourrait opérer ce mouvement de retraite en bon ordre, sans que nous pussions l'inquiéter, parce que nos forces principales seraient en marche sur la Cerdagne, ou auraient pénétré sur le sol de l'Espagne. Mais là, n'auraient-elles pas à craindre de rencontrer l'armée de renfort qu'attend tous les jours la Union ? Alors celui-ci, ayant opéré sa retraite en bon ordre, se porterait sur le flanc gauche de notre armée d'invasion, tandis que notre flanc droit serait attaqué par les troupes fraîches arrivant de l'intérieur, ce qui nous placerait entre deux feux. Pour que ce mouvement d'invasion, dont je reconnais l'importance, puisse s'opérer avec tous les avantages qui doivent en résulter, je crois qu'il faut d'abord essayer d'attaquer le camp du Boulou.

— Mais, observa Dagobert, on ne peut songer à l'attaquer de front ; toutes les positions de l'ennemi sont trop bien fortifiées ; un échec serait presque infaillible, et pourrait compromettre le succès de la campagne.

— Cela est vrai, répondit la Tour d'Auvergne, s'il n'y avait d'autre moyen qu'une attaque de front de ces positions redoutables ; sans doute, le camp du Boulou, placé comme il l'est sur les bords du Tech et adossé à la montagne, est inabordable de front ; mais il faut considérer qu'il n'a d'autre issue que la chaussée de Bellegarde, qui forme la grande route de France en Espagne ; or n'y aurait-il pas moyen de pénétrer entre le Boulou et cette chaussée ? Le général espagnol a porté le gros de ses forces à Céret (1), et a laissé les hau-

1 Céret est une petite ville fort ancienne, située au pied des

teurs de Saint-Christophe, qui dominent le Boulou,
assez mal gardées, à ce que j'ai entendu dire,
parce qu'il pense sans doute que personne ne
s'avisera de venir l'attaquer sur ce point presque
inaccessible et qu'une poignée d'hommes peut
défendre. Cette position n'est pas imprenable, et je
suis persuadé qu'avec une petite troupe d'hommes
d'élite, il serait très-possible de s'en emparer.
Une fois maîtres de ces hauteurs, le camp du
Boulou tomberait nécessairement en notre pouvoir.

— C'est juste, s'écria Dugommier : ce serait
comme le Petit-Gibraltar, dont la prise m'a livré
Toulon. »

Tout le monde fut du même avis; il ne s'agis-
sait plus que de régler le plan d'attaque.

« Ce plan, dit Dugommier, est fort simple, et
comme chacun de vous sera appelé à concourir à

Pyrénées, près de la rive droite du Tech, que l'on traverse
sur un pont d'une seule arche d'une grande hardiesse. Cette
ville est chef-lieu de l'un des arrondissements des Pyrénées-
Orientales; elle est éloignée de 30 kilomètres de Perpignan,
et de dix kilomètres du Boulou, village où les Espagnols
avaient établi leur camp.

son exécution, nous allons fixer immédiatement l'ordre de marche de chaque division et de chaque brigade. Un détachement, formant l'avant-garde, partira immédiatement, franchira le Tech entre onze heures et minuit, de manière à arriver au point du jour sur la redoute de Saint-Christophe, qu'il attaquera sur-le-champ. Le gros de l'armée passera à son tour le Tech de deux heures à quatre heures du matin, de manière à pouvoir commencer ou du moins simuler une attaque de front sur le camp, au moment même où le détachement attaquera Saint-Christophe. J'ai dit que notre attaque du camp ne sera d'abord que simulée ; elle ne deviendra sérieuse que si le succès couronne les efforts du détachement chargé d'opérer sur Saint-Christophe. C'est donc sur ce point que roule tout le succès de la journée.

— Qui aura l'honneur de commander le corps chargé de cette opération délicate ? demanda le représentant Fabre.

— Je n'aurais que l'embarras du choix parmi ceux qui m'entourent, et même dans le reste des officiers de l'armée, répondit Dugommier, s'il n'était de toute justice de réserver cet honneur à celui qui a eu la première idée de ce projet. C'est ainsi qu'au siége de Toulon, j'ai chargé d'exécuter l'attaque du Petit-Gibraltar l'officier d'artillerie qui en avait démontré l'importance et la possibilité. Je chargerai donc de l'attaqu edu fort de Saint-Christophe, le capitaine la Tour d'Auvergne.

— Merci, mon général, reprit la Tour d'Auvergne; je n'ai pas, vous le savez, l'habitude de solliciter des faveurs auprès de mes chefs; cependant j'avoue que si vous ne m'aviez pas d'avance accordé celle-ci, j'allais vous la demander. Seulement, permettez-moi de vous faire observer qu'il n'est pas nécessaire de me donner le commandement d'un détachement très-nombreux. Ma compagnie suffira pour enlever la position; puis, une fois que nous en serons les maîtres, comme les Espagnols enverront nécessairement des forces pour nous déloger, il sera bon alors que des détachements viennent nous seconder, et au besoin couronnent les hauteurs, de manière à ôter à l'ennemi tout espoir de la reprendre.

5*

— Et vous pensez que votre compagnie suffira pour une telle besogne? demanda Dugommier.

— Je le pense, mon général.

— Combien avez-vous d'hommes?

— Cent cinquante, mon général; mais tous hommes choisis, exercés à la guerre de montagne, habitués à courir sur les rochers comme des chasseurs de chamois, et qui, je l'espère, feront aux Pyrénées ce qu'ils ont fait dans les Alpes.

— C'est égal, c'est bien peu, ce me semble, observa le représentant Fabre, et il me semble que vous feriez mieux d'accepter un détachement plus nombreux, comme vous l'offre le général.

— Pour moi, reprit la Tour d'Auvergne, je crois qu'un détachement plus nombreux, pour engager l'attaque, compromettrait plutôt le succès de l'entreprise qu'il ne le favoriserait.

— Oh! oh! citoyen capitaine, ce que vous dites là ressemble furieusement à un paradoxe, dit le représentant d'un ton doctoral.

Un léger sourire, aussitôt réprimé, parut sur les lèvres de la plupart des membres du conseil. La Tour d'Auvergne, sans paraître faire attention à l'observation du représentant, continua tranquillement son explication, qu'il adressait à Dugommier et aux autres officiers comme étant des hommes plus versés dans la science militaire que le citoyen Fabre et plus capables par conséquent de le juger.

— Il ne faut pas perdre de vue qu'il s'agit ici d'un coup de main, d'une surprise, seul moyen de s'emparer du poste de Saint-Sébastien. Le succès d'une telle entreprise dépend du silence, de l'ensemble et de la rapidité de son exécution. Si l'ennemi nous découvre avant que nous ne soyons prêts de tomber sur lui, fussions-nous quinze cents, au lieu de cent cinquante, fussions-nous même plusieurs mille, notre coup est manqué. Il repoussera facilement notre première attaque, et la résistance donnera le temps au général espagnol d'envoyer des renforts qui rendront désormais impossible la prise de cette importante position. Il faut donc, jusqu'au dernier moment, que l'ennemi soit en parfaite sécurité sur ce point, et qu'il reste convaincu que nous ne songeons nullement à l'inquiéter de ce côté. Or

j'ai bien plus de chances d'obtenir ce résultat avec
ma seule compagnie qu'avec un détachement plus
nombreux. Il est évident que la présence d'un
grand nombre d'hommes se trahit plus facilement
que celle d'un nombre plus restreint. J'ajouterai
encore cette considération, dont vous apprécierez
la valeur : je connais tous les soldats de ma compagnie ; avant le départ, je leur donnerai mes instructions, et je suis sûr qu'ils les suivront à la
lettre. Dès lors, je n'aurai plus besoin de faire
aucun commandement à haute voix ; un geste, un
signe, un mot prononcé à voix basse et courant de
bouche en bouche dans les rangs, c'est tout ce
qu'il me faudra pour opérer tel ou tel mouvement,
ralentir ou accélérer la marche, se porter à droite
et à gauche, et le reste. Exercerai-je la même
influence sur des soldats qui me sont inconnus,
qui ne sont point habitués à moi? J'en doute,
et quand même j'obtiendrais autant d'obéissance
que de mes grenadiers, je crains toujours que
le tumulte inséparable d'un rassemblement trop
nombreux ne donne l'éveil à l'ennemi. — Enfin, si
nous ne réussissons pas, il n'y aura toujours eu

qu'un petit nombre d'hommes engagés, et cette perte sera moins sensible pour l'armée que si l'échec eût été essayé par un corps plus considérable de soldats.

Quand la Tour d'Auvergne eut cessé de parler, Dugommier consulta du regard ses collègues, pour savoir s'ils avaient quelque observation à faire; puis, s'étant assuré de leur assentiment, il dit :

— Capitaine la Tour d'Auvergne, vous resterez seul chargé de commencer avec votre compagnie l'attaque des hauteurs de Saint-Christophe. Je ne doute pas un instant que vous ne réussissiez ; alors je vous ferai appuyer par un nombre suffisant de troupes pour garder cette position.

La délibération fut terminée après ces mots, et chaque chef de corps ne s'occupa plus que de recevoir ses instructions particulières pour le lendemain.

CHAPITRE V

Le lendemain, avant l'aurore, l'armée française s'était mise en mouvement et avait passé le Tech, à quelque distance au-dessous du Boulou. Bientôt les divers corps prirent les positions que leur avait assignées le général en chef, et une vive canonnade s'engagea de part et d'autre; mais ce bruit ne semblait que le prélude d'une attaque sérieuse. Les Espagnols renforçaient leurs lignes, s'apprêtant à repousser énergiquement les Français qu'ils s'attendaient à chaque instant à voir se lancer contre leurs retranchements. — Les Français, de leur côté, attendaient l'arme au bras, et non sans une vive impatience, le signal de l'attaque.

Pendant ce temps-là, Dugommier, placé sur une éminence, ayant à côté de lui le représentant Fabre et ses officiers d'état-major, suivait des yeux les mouvements de son armée, et de temps en temps il portait ses regards sur les hauteurs de Saint-Christophe, observant avec une lunette la marche de la Tour d'Auvergne et de sa petite troupe. Le représentant du peuple avait aussi sa lunette braquée sur le même point, et suivait avec une anxiété fiévreuse les mouvements de ces mêmes soldats.

Après un assez long silence, le représentant dit à Dugommier : « Savez-vous, citoyen général, que votre capitaine la Tour me paraît mettre bien de la lenteur dans son attaque : le soleil va paraître, et il n'a pas encore commencé le branle. Cela commence à m'inquiéter.

— Rassurez-vous, citoyen représentant ; rien n'est encore compromis. Il est probable que la Tour d'Auvergne aura rencontré plus d'obstacles qu'il ne s'y attendait. On ne marche pas sur ces rochers avec autant de facilité que dans une plaine, surtout quand il faut se tenir caché et ne pas laisser apercevoir le bout de son nez à l'ennemi.

— Tenez, voyez-vous, à gauche de ce grand rocher, ces grenadiers qui se font la courte-échelle pour arriver sur cette petite plate-forme?

— Oui, je les aperçois très-bien...; ils sont réunis une vingtaine en cet endroit... Ah! en voilà encore d'autres qui montent... il y a un officier avec eux; c'est sans doute le capitaine.

— Non, c'est son lieutenant : voilà le capitaine beaucoup plus bas, qui se dirige vers le même point avec le gros de sa compagnie. Il est probable que la plate-forme occupée par le lieutenant était le point désigné pour le rendez-vous général. De cette plate-forme, ils ne sont plus séparés que par une faible distance des retranchements espagnols. Ce qui, du reste, me prouve que tout va bien, et qu'ils n'ont pas été aperçus de l'ennemi, c'est que je vois d'ici fort bien la sentinelle avancée des Espagnols, qui se promène avec assez d'indifférence, ou bien qui regarde ce qui se passe en bas dans le camp, sans s'inquiéter de ce qui se passe presque à côté d'elle.

— Ah! s'écria le représentant, voilà tout le

monde ou à peu près réuni sur la plate-forme ;
puis je les aperçois qui défilent sur la droite.

— Oui, oui, très-bien ; le branle va probablement commencer.

— Il commence!... Voyez cette fumée qui part
des retranchements espagnols, et entendez-vous
cette explosion qui la suit?

— Très-bien ; ce sont les Espagnols qui ont
aperçu nos soldats s'approcher, et qui les saluent
d'une décharge de quelque pièce d'artillerie qu'ils
ont sur ce point... Puis, tenez, voilà la fusillade
qui s'en mêle... c'est le moment critique....

— Mais je ne vois pas un flocon de fumée du
côté des nôtres ; seraient-ils repoussés ! Pourquoi
ne ripostent-il pas au feu de l'ennemi ?

— A quoi bon ? ils ont quelque chose de mieux
à faire... Tenez, voyez-les maintenant à l'œuvre,
— et en même temps il indiquait du doigt l'endroit
où tout à l'heure on apercevait la sentinelle espagnole, et qui maintenant était occupé par les
grenadiers de la Tour d'Auvergne, qui se pré-
cipitaient sur les retranchements ennemis ; — les
voyez-vous comme ils grimpent à l'assaut? Recon-

naissez-vous à leur tête cet officier qui tient de la main gauche un drapeau et de la droite son épée, dont la pointe est dirigée vers l'ennemi?...

— Oui, oui, je le reconnais : c'est le capitaine la Tour d'Auvergne.

— Eh oui, c'est lui; c'est bien lui!... Nous ne pouvons l'entendre d'ici, mais à ses gestes, je suis sûr qu'il crie en ce moment : En avant, mes amis!... Ah! voilà ses grenadiers qui sont arrivés sur le haut des retranchements... Voilà le capitaine, à qui ils tendent la main, et qui y arrive à son tour....

— Ma foi, s'écria le représentant, je ne puis m'empêcher de reconnaître qu'il se bat comme un lion... Quel dommage que ce soit un ci-devant!

Dugommier, sans faire attention à cette singulière réflexion de Fabre, suivait toujours avec le plus vif intérêt toutes les péripéties du drame qui se passait sous ses yeux. — Enfin! s'écria-t-il en poussant un soupir de soulagement, voilà le drapeau tricolore fixé sur les retranchements ennemis et salué par les décharges de l'artillerie que

nos braves ont tournée contre le camp espagnol...
A nous maintenant d'agir!

Aussitôt il donna l'ordre à un de ses aides de
camp d'aller presser le départ de la brigade Davout, qui était désignée d'avance pour appuyer
l'attaque des hauteurs de Saint-Christophe. Mais
déjà le jeune général, qui avait aussi aperçu le
brillant succès de la Tour d'Auvergne, s'était mis
en marche pour le rejoindre; et quand l'aide de
camp arriva, la brigade gravissait déjà la montagne, et une demi-heure après, son avant-garde
rejoignait la Tour d'Auvergne dans les retranchements qu'il venait de conquérir.

Il était temps; car les Espagnols, ayant reconnu
le petit nombre d'hommes qui avaient surpris
Saint-Christophe, revinrent en force pour reprendre une position qui était pour eux de la
dernière importance. La compagnie de la Tour
d'Auvergne, déjà fatiguée, et décimée par l'assaut
qu'elle venait de donner, eût été infailliblement
écrasée; mais la brigade Davout, arrivée à propos, soutint admirablement le choc des Espagnols. Ceux-ci envoyèrent de nouveaux renforts;

de son côté, Dugommier, prévoyant que tous les
les efforts de l'ennemi se concentreraient sur ce
point, ne cessait de faire partir des troupes pour
soutenir les premières. Enfin, après un combat
très-vif, et qui dura une partie de la matinée,
l'armée française resta maîtresse des hauteurs.
Dès ce moment, le camp du Boulou n'était plus
tenable, il fallait se retirer par la chaussée de
Bellegarde ; mais pendant que toute l'attention de
l'ennemi s'était portée sur Saint-Christophe, Dugommier, par une manœuvre habile, s'était emparé de cette chaussée ; il ne restait plus aux
Espagnols, pour opérer leur retraite, qu'une route
étroite et difficile à travers le col de Porteil. Ils
s'y engagèrent; mais leur retraite, commencée
d'abord en assez bon ordre, se changea bientôt en
déroute. Chargés à propos et avec vivacité, ils
s'enfuirent dans le plus grand désordre, en nous
laissant quinze cents prisonniers, cent quarante
pièces de canon, huit cents mulets chargés de
leurs bagages et des effets de campement pour
vingt mille hommes (1).

1 Voir les rapports officiels au Moniteur.

Cette importante victoire, gagnée dans les derniers jours d'avril 1794, nous rendit la ligne du Tech, refoula l'ennemi hors du territoire français, et nous porta nous-mêmes au delà des Pyrénées. Elle eut un grand retentissement en France, et ajouta un nouvel éclat au nom de Dugommier, dont la prise de Toulon avait commencé la célébrité. Mais en parlant de l'un et de l'autre événement, dans ses rapports officiels comme dans ses conversations intimes, ce général, aussi modeste que brave, n'hésita jamais à ne s'attribuer qu'une faible part dans ces deux brillants succès, reconnaissant que le premier était dû au jeune commandant d'artillerie Bonaparte, et le second au vieux capitaine la Tour d'Auvergne.

Deux jours après la bataille de Céret ou du Boulou (car on la désigne indifféremment sous l'un ou l'autre nom), Dugommier rassembla de nouveau un conseil de guerre pour discuter la suite des opérations. Il était composé des mêmes membres qui formaient celui dont nous avons rendu compte dans le chapitre précédent, à l'exception du général Dagobert, qui venait de mourir presque subitement d'une congestion cérébrale. Ce noble vieillard, âgé de 76 ans, emportait les regrets et l'admiration de l'armée.

On remit sur le tapis la question de l'invasion de la Catalogne, proposée, comme on se le rappelle, par le vieux Dagobert, et ajournée après la levée du camp du Boulou. Aujourd'hui, le motif qui avait fait suspendre le projet d'invasion n'existait plus : l'armée espagnole était chassée du territoire, et rien ne s'opposait à notre entrée en Espagne. Nul doute que si le brave Dagobert eût encore vécu, il n'eût soutenu de toute son énergie la nécessité de donner suite à ce projet; quelques voix seules s'élevèrent en sa faveur, entre autres celles de la Tour d'Auvergne; mais cette fois il ne fut pas écouté. « Comment ! lui dit un des généraux, vous qui avez si bien fait ressortir le danger qu'il y aurait eu d'entrer en Espagne, en laissant une armée ennemie derrière nous, vous voulez reprendre ce plan d'invasion, quand une partie de cette armée reste encore sur nos derrières, c'est-à-dire dans les places fortes occupées par les Espagnols ! Pour moi, je prétends qu'il y aurait une grande imprudence à marcher en avant, quand Port–Vendres, Collioure, Saint-Elme et Bellegarde (1) sont encore au pouvoir de nos ennemis.

— Mais, objecta la Tour d'Auvergne, un siége en règle de ces places ferait perdre beaucoup de temps et peut coûter beaucoup de monde. Il me semble qu'il serait plus simple de les bloquer avec un petit nombre de troupes ; pendant ce temps-là, l'armée pourrait s'avancer sans crainte sur le territoire espagnol, et bientôt les garnisons de ces forteresses, perdant tout espoir d'être secourues, se

1 Port-Vendres, *Portus Veneris*, est une petite ville très-forte, avec un port très-sûr. Cette ville fait partie de l'arrondissement de Céret (Pyrénées-Orientales), dont elle est éloignée de 31 kilomètres. Elle a appartenu longtemps à l'Espagne, et a été souvent prise et reprise ; elle fut cédée à la France avec le Roussillon. — Collioure, (même département, même arrondissement), est une petite ville avec un port sur la Méditerranée. Elle a été prise par Louis XIII en 1642, et dès lors est restée à la France. — Saint-Elme, forteresse des Pyrénées-Orientales. — Bellegarde, place très-forte, située à l'extrême frontière, dans les Pyrénées. Elle appartient à l'arrondissement de Céret. Les Espagnols s'étaient emparés de toutes ces places en 1793, commandés par Ricardos.

rendraient, sans qu'il en eût coûté une goutte de sang inutilement répandu.

— Ce serait fort bien, reprit le même général, s'il était possible de bloquer ces places d'une manière effective ; mais Port-Vendres et Collioure sont des ports de mer ; or nous ne sommes pas maîtres de la mer, ce qui permet à l'ennemi de ravitailler ces places à l'aide de sa marine. Ne peut-il pas aussi, par le même moyen, débarquer dans ces mêmes ports une armée aussi forte que celle que nous venons de mettre en déroute ? et alors nous nous retrouverions sur les bras le même embarras que nous avons voulu éviter en chassant hors de notre territoire l'armée campée au Boulou. Je persiste donc dans mon opinion qu'il faut enlever de vive force les places encore occupées par l'ennemi, en commençant par les places maritimes, puis nous songerons à marcher en avant.

— Tel est aussi mon avis, dit le représentant Fabre, en ajoutant, du ton emphatique qui lui était habituel : il ne faut pas que l'étranger souille plus longtemps de son odieuse présence le sol sacré de la République.

Cet avis fut adopté à la grande majorité du conseil. La Tour d'Auvergne n'insista pas pour faire prévaloir son opinion, et ne songea plus qu'à se soumettre à la décision de la majorité.

Dugommier s'occupa immédiatement des siéges de Collioure et de Port-Vendres. La Tour d'Auvergne ne fut point employé à ces expéditions, et reçut une autre destination.

Des habitants du département des Hautes-Pyrénées se plaignirent auprès des représentants du peuple à l'armée des Pyrénées-Orientales, des incursions que faisaient sur leur territoire une foule de *guerilleros* ou plutôt de brigands espagnols, qui, après s'être livrés au pillage et à toutes sortes de dévastations, trouvaient un refuge dans le val d'Aran (1); ils demandaient qu'on envoyât quel-

1 Le val d'Aran est situé sur le versant nord des Pyrénées, et semblerait ainsi devoir appartenir à la France. La Noguera et la Garonne y prennent naissance à cinquante pas l'une de l'autre. Ce pays est fort pauvre et les habitants en sont tous pâtres, bûcherons ou contrebandiers. Le val d'Aran appartenait jadis aux *Garumni*, peuple de la Gaule. Il a ensuite fait partie du comté de Comminges. L'Espagne le possède depuis 1192. Ce pays a pour chef-lieu Viella.

ques troupes pour donner la chasse à ces bandits et arrêter leurs déprédations.

Le représentant Fabre soumit ces plaintes au général en chef, et insista pour qu'il y fît droit. Dugommier chargea la Tour d'Auvergne de cette mission peu brillante, et cependant difficile et très-périlleuse. On joignit une autre compagnie à la sienne, ce qui forma un détachement d'environ trois cents hommes, dont le commandement lui revenait de droit étant le plus ancien capitaine.

La Tour d'Auvergne se mit aussitôt en marche. Il tourna avec son détachement la vallée d'Aran par des chemins que la neige et la glace, — non encore fondues, quoique l'on fût au mois de mai, — rendaient impraticables. — Il tomba à l'improviste sur une bande de ces brigands, précisément au moment où ils étaient occupés à se partager le butin qu'ils venaient de faire dans une dernière excursion du côté de Bagnères. C'était les prendre en quelque sorte en flagrant délit. — Rendez-vous! leur cria la Tour d'Auvergne en les faisant coucher en joue par ses soldats. — La plupart jetèrent leurs armes et se rendirent. Quelques-uns voulurent essayer de fuir; mais ils furent atteints par les balles de nos soldats; deux ou trois seulement parvinrent à s'échapper, et allèrent porter l'alarme dans toute la vallée.

La journée était avancée; les soldats étaient fatigués d'une marche de plus de douze heures à travers les rochers et les précipices; la Tour d'Auvergne les fit bivouaquer dans une espèce de hangar qui servait à abriter les troupeaux pendant les temps d'orage.

Le lendemain, dès la pointe du jour, la petite troupe fut sur pied et se mit en marche pour Viella, espèce de bourgade, chef-lieu de la vallée. Personne n'apparaissait sur la route, ni dans les environs; c'était une solitude complète comme au milieu du désert de Sahara; — seulement, il y faisait moins chaud. — Cette dernière réflexion était faite à haute voix par un sergent de la compagnie qui avait été adjointe à celle de la Tour d'Auvergne, en s'adressant à un de ses *collègues* de cette compagnie.

— Sergent Blanchet, répondit celui-ci, m'est avis qu'avant peu de temps il fera aussi chaud ici et peut-être plus que dans le pays dont vous parlez, et que je ne connais pas du tout, quoique, depuis vingt ans que je porte le mousquet, j'aie parcouru la France dans tous les sens et même un peu les pays voisins. Dans quel département mettez-vous votre *Sâra?*

— Ce n'est pas *Sâra*, c'est *Sahara* que j'ai dit, sergent Michaud, répondit en souriant Blanchet; puis ce n'est pas en France, ni même en Europe; c'est en Afrique, où le soleil vous darde sur le crâne à faire bouillir la cervelle; aussi, quand vous dites que nous aurons aussi chaud ici que dans ce pays-là, c'est une manière de parler qui ne peut pas prendre, sauf le respect que je vous dois, mon ancien.

— Patience, patience, jeune homme; quand j'ai dit qu'il ferait aussi chaud ici que dans votre pays d'Afrique, dont j'ai oublié le nom, ça ne voulait pas dire que ce serait le soleil qui nous chaufferait les membres, un peu engourdis par la fraîcheur de ces montagnes; mais ce sera la poudre à canon et les coups de fusils, qui, à mon avis, sont plus capables de réchauffer que le soleil

le plus ardent, même celui d'Afrique ; qu'en pensez-vous, Blanchet?

— Je suis de votre avis ; seulement il faudrait
pour cela qu'il y eût des coups de fusils à échanger ; mais ici, autant que la vue peut s'étendre,
on n'aperçoit pas une âme ; et à moins que nous
ne nous amusions à tirer notre poudre, non pas
aux moineaux, mais à ces gros oiseaux qui planent
sur nos têtes, je ne vois pas comment nous pour-
rons nous échauffer à faire le coup de feu.

— Patience, encore une fois, jeune homme....
Tenez, voilà le capitaine qui s'arrête et qui enroule
son manteau autour de son bras gauche : ceci
nous annonce du nouveau. Attention! Ah! voilà
un de nos hommes de l'avant-garde qui revient au
pas de course et qui parle au capitaine.

A peine le sergent Michaud avait-il achevé sa
phrase, que le commandement de : Halte! se fit
entendre. La colonne s'arrête aussitôt, et un profond silence régna dans les rangs. La Tour d'Auvergne fit déployer en tirailleurs une centaine
d'hommes de sa compagnie et cinquante de l'autre ;
puis aussitôt qu'ils se furent dispersés à droite et à

gauche de la route, la colonne se remit en marche, lentement, et de manière à ne pas dépasser les tirailleurs.

A peine avait-on marché ainsi pendant douze à quinze minutes, que des coups de fusil se firent entendre de tous côtés, et que bientôt de chaque buisson, de derrière chaque rocher ou chaque tronc d'arbre, on vit s'enfuir des Espagnols que nos soldats poursuivaient.

— Eh bien! sergent Blanchet, dit Michaud en riant, voilà que le pays si désert tout à l'heure commence à se peupler, qu'en dites-vous?

— C'est vrai; du diable si j'avais soupçonné qu'il y eût un seul homme dans toute cette vallée; ces gaillards savent se cacher et courir comme des lapins.

— Oui, mais si ces miquelets (1) se cachent

---

1 On donnait le nom de miquelets à des bandits espagnols qui vivaient dans les Pyrénées, principalement sur la frontière de la Catalogne et de l'Aragon. Il commença à être question des miquelets lors de la conquête du Roussillon par Louis XIII; on les organisa plusieurs fois en troupes légères, pour combattre en tirailleurs, mais jamais en ligne.

et courent comme des lapins, nos grenadiers sont
des furets qui sauront bien les dépister partout.
Tenez, voyez-vous ceux-là qui veulent se sauver sur
ces rochers là-bas? En voilà déjà deux ou trois
qui dégringolent sous les balles de nos tirailleurs.

— Savez-vous, sergent Michaud, que si nous
avions fait seulement un quart de lieue de plus en
colonne, nous tombions dans une véritable em-
buscade, et qu'à droite et à gauche, ils nous
auraient criblés de coups de fusil, presque à bout
portant?

— Sans doute; mais ce n'est pas avec un vieux
routier comme notre capitaine que ces choses-là
peuvent arriver. Il veille au grain, celui-là, et
quand on l'a à sa tête, on ne craint pas de pareilles
surprises.

— C'est vrai que c'est un des meilleurs officiers
de l'armée.

— De l'armée! dites donc du monde entier...
Demandez-le à tous les anciens du régiment;
ils vous parleront comme moi.

— Oh! je n'ai pas besoin de m'adresser à vos

anciens ; la réputation du capitaine la Tour d'Auvergne est établie depuis longtemps, et c'est à cause de lui que je me suis engagé dans votre régiment ; seulement j'avais demandé à entrer dans sa compagnie, et je n'ai pu l'obtenir.

— Tiens ! vous n'êtes pas dégoûté : savez-vous que moi qui vous parle, et bien d'autres comme moi, nous avons quitté les galons de sergent pour y entrer comme simple grenadier?

— Je vous crois, et j'en aurais peut-être fait autant, si je ne craignais de nuire à mon avancement; car, grâce à certaine protection, j'espère bientôt passer officier.

— Ah ! vous avez de l'ambition.... A votre âge, avec l'instruction que vous avez reçue, c'est permis, et je ne vous en blâme pas. Quant à moi, je suis comme notre capitaine, je ne suis pas ambitieux, et je ne désire pas un plus haut grade que celui de sergent. Il est vrai que je n'ai pas assez d'instruction pour être officier, tandis que le capitaine est peut-être plus savant que la plupart de nos généraux.

— C'est aussi ce que j'ai entendu dire, et ce qui

m'étonne, c'est qu'avec ses talents, sa bravoure, son expérience consommée, il n'ait pas obtenu un grade supérieur....

— Cela vous étonne? eh bien! vous serez plus étonné encore quand vous saurez que s'il ne l'a pas obtenu, c'est qu'il ne l'a pas voulu. D'abord, il n'a jamais sollicité d'avancement; ensuite, on lui a offert plus de dix fois, plus de vingt fois peut-être, les grosses épaulettes, soit de commandant, soit de colonel, voire même de général; il a toujours refusé.

— C'est vraiment extraordinaire.

— Oui, n'est-ce pas? c'est bien extraordinaire par le temps qui court, où, — quoique nous soyons sous le règne de l'égalité, — tant de gens ne songent qu'à dominer sur les autres et à s'emparer du pouvoir; lui, au contraire, il ne veut rien être, et si la Révolution l'avait trouvé simple grenadier, comme je l'étais, je suis sûr qu'il n'aurait pas même voulu accepter les galons de sergent. Que voulez-vous? c'est son idée à cet homme; pour nous, nous n'avons pas à nous en plaindre, car s'il eût accepté un grade supérieur, jamais nous n'aurions retrouvé un capitaine comme lui.....

Pendant cette conversation, qui se tenait tout en marchant, la petite colonne était arrivée à l'entrée d'une gorge étroite, donnant accès à un vallon assez profond, et au milieu duquel coule une rivière ou plutôt un petit ruisseau, qui plus loin devient la Garonne. — Vers le milieu du vallon, sur la droite, on apercevait une église avec son clocher, avec une centaine de maisons et de cabanes éparses alentour : c'était la bourgade ou, si l'on veut, la ville de Viella, chef-lieu du val d'Aran. Une maison crénelée, construite sur le bord de la route, à la partie la plus resserrée de la gorge, défendait l'entrée du vallon ; plus loin, la petite rivière formait un autre obstacle, rendu plus infranchissable au moyen de retranchements construits sur le bord. Derrière ces retranchements et dans l'intérieur de la maison crénelée se trouvaient une foule de miquelets qui paraissaient disposés à opposer une vive résistance aux envahisseurs.

D'un coup d'œil la Tour d'Auvergne reconnut la position de l'ennemi, et prit ses dispositions pour l'attaquer. Il plaça dans une position convenable ses meilleurs tireurs, chargés d'entretenir un feu soutenu et dirigé le mieux possible contre les défenseurs de la maison et des retranchements, et lui-même, se mettant à la tête du reste de sa troupe, il fit battre la charge et ordonna l'assaut. En un instant, tout fut enlevé à la baïonnette, aux cris de *Vive la République! Vive notre capitaine!* Ceux des miquelets qui résistèrent furent taillés en pièces, le reste s'enfuit à travers la montagne, en jetant ses armes pour courir plus vite.

Un instant après, la Tour d'Auvergne entrait à Viella avec sa petite troupe. Il n'y trouva que des femmes, des enfants et des vieillards, qui n'avaient pas songé à s'enfuir, dans la persuasion où ils étaient que les Français ne pourraient jamais arriver jusqu'à eux. Toute cette population était consternée, et s'attendait à subir les plus affreux traitements, justes représailles des déprédations auxquelles se livraient, sinon les gens du pays, au moins les nombreux bandits qui trouvaient un asile dans la vallée.

La Tour d'Auvergne fit venir l'alcade, vieillard

à cheveux blancs, qui se rendit en tremblant auprès du capitaine, et se jeta à ses genoux pour implorer sa miséricorde. Notre héros le releva avec bonté, tout en lui parlant sévèrement au sujet de la conduite de ses administrés envers leurs voisins de France. — L'alcade se défendit, en disant que ce n'étaient pas les gens du pays qui avaient fait des excursions sur le territoire français, mais des étrangers appartenant aux provinces voisines d'Espagne ; qu'ils n'avaient pas pu eux-mêmes s'y opposer, sans quoi ils eussent été exposés aux mauvais traitements des miquelets.

— Mais, dit la Tour d'Auvergne, si vos gens n'ont pris aucune part aux actes de ces miquelets, d'où vient que je ne vois ici que des vieillards et des femmes? Où sont vos jeunes gens et vos hommes en état de porter les armes? N'étaient-ils pas tout à l'heure à la maison crénelée et aux fortifications de la rivière?

L'alcade balbutiait une réponse embarrassée, quand la Tour d'Auvergne l'interrompit en souriant avec bonté : — Allons, dit-il, ce n'est pas de cela que je leur fais un crime ; nous avons envahi

votre pays les armes à la main, je ne vous blâme
pas de l'avoir défendu ; ce que je blâme, c'est
la guerre de brigandage faite contre des voisins
avec lesquels vous avez des relations journalières.
Nos deux nations sont en guerre, c'est vrai ; mais
vous autres habitants des campagnes, laissez les
armées régulières combattre pour soutenir les
droits de leurs gouvernements respectifs ; ou si
vous voulez nous faire la guerre, faites-la loyale-
ment, comme il convient à des peuples civilisés,
à des peuples chrétiens ; faites-la, en un mot,
comme nous venons vous la faire. Ainsi, nous
avons envahi votre pays, nous sommes les maîtres
de votre chef-lieu ; eh bien, il n'y aura ni pillage,
ni extorsions, ni violences d'aucune sorte. Nos
soldats observeront la plus scrupuleuse discipline,
mais à condition que vous indemniserez les pro-
priétaires français vos voisins qui ont été indigne-
ment spoliés par vos gens, et que vous donnerez
des garanties que de pareils faits ne se renouvelle-
ront pas à l'avenir. Jusqu'à ce que vous ayez
satisfait à nos justes réclamations, je prends possession provisoire du val d'Aran, au nom de la

République française. — Lieutenant, ajouta-t-il
en se tournant vers l'un de ses officiers, prenez
avec vous trente hommes d'escorte, et allez arbo-
rer ce drapeau sur le clocher de Viella ; puis, vous
le saluerez par une triple salve de feux de peloton.

Après cette allocution, le calme se rétablit peu
à peu. Les soldats furent logés en partie chez les
habitants ; les autres bivouaquèrent sur la grande
place. Ceux des habitants de Viella qui avaient
pris la fuite, rentrèrent les uns après les autres. Au
bout de quelques jours les Français étaient in-
stallés dans ce pays comme chez eux, et s'il n'y
avait pas encore ce qu'on peut appeler de la sym-
pathie entre eux et les habitants, les relations au
moins devenaient de jour en jour plus faciles. Plusieurs même de ceux-ci préféraient nos soldats, à
l'allure franche, vive et gaie, aux miquelets, toujours sérieux et grossiers.

Au bout de huit jours, l'indemnité réclamée
avait été entièrement payée, et le pays paraissait
jouir de la tranquillité la plus parfaite. La Tour
d'Auvergne en fit un rapport au général en chef.
Dugommier lui envoya l'ordre de laisser dans le

val d'Aran, comme garnison, la moitié de son détachement, c'est-à-dire une compagnie, et de
revenir avec l'autre rejoindre l'armée.

La Tour d'Auvergne, après avoir pris toutes les
précautions que la prudence pouvait exiger pour
assurer la sécurité de la petite garnison qu'il lais-
sait à Viella, reprit le chemin de Perpignan avec
sa compagnie et quelques blessés qui pouvaient
supporter les fatigues de la route. Ceux qui étaient
plus grièvement atteints, avaient été évacués sur
Bagnères, où ils étaient soignés dans l'hôpital de
cette ville.

Au nombre des blessés qui revenaient avec la
Tour d'Auvergne, était notre ancienne connaissance, le sergent Blanchet, qui avait reçu un coup
de feu à l'épaule, à l'attaque de la maison crénelée. Il avait refusé d'aller à Bagnères, parce que,
disait-il, la blessure n'avait rien de grave, et qu'il
espérait bien pouvoir faire sa partie avec les camarades au siége de Bellegarde, si toutefois on arrivait avant sa reddition. — Son ami le sergent
Michaud l'avait encouragé dans cette résolution,
lui donnant à entendre que ce serait un moyen de

se faire remarquer du capitaine la Tour d'Auvergne, et d'obtenir ainsi d'entrer dans sa compagnie. En route, les deux camarades marchaient
en causant à côté l'un de l'autre, et Blanchet
revenait souvent sur ce désir d'être incorporé
dans sa compagnie. — Que n'en parles-tu toi-
même au capitaine? dit Michaud, — car depuis
qu'ils avaient fait ensemble le coup de feu, leur
intimité s'était resserrée, et ils se tutoyaient comme
de vieux amis.

— Je ne demanderais pas mieux, répondit
Blanchet; mais que veux-tu, mon vieux, il n'y a
pas un gros major, un colonel, un général même
qui m'impose plus que lui.

— Bah! c'est pourtant l'homme le plus facile à
aborder que j'aie jamais connu. Il parle à nous
tous, sous-officiers, caporaux ou simples grenadiers, comme s'il parlait à un de ses égaux, à un
de ses camarades; et il n'y a pas un soldat de la
compagnie qui n'aime mieux s'adresser à lui, s'il
a quelque réclamation à faire, qu'au lieutenant ou
au sous-lieutenant, ou même à un sergent ou à
un caporal.

— Je ne dis pas non, et j'en aurais fait autant que vous autres il n'y a pas plus de quinze jours ; je le regardais comme un homme simple, bon, sans façon, sans morgue, quoique ci-devant ; mais depuis que je l'ai vu au feu, il m'a paru tellement extraordinaire, que j'en suis encore tout ahuri. — Il était là, calme au milieu d'une grêle de balles ; sa voix sonore, quand il commandait, avait quelque chose de vibrant qui vous pénétrait jusqu'à la moelle des os ; ses yeux lançaient des éclairs, sa physionomie était comme transfigurée ; enfin, il y avait dans toute sa personne quelque chose de surhumain qui, depuis ce moment-là, m'a inspiré pour lui une crainte respectueuse telle que je n'ose le regarder en face, encore moins lui adresser la parole.... Ça te fait sourire, mon vieux, que veux-tu, c'est bête de ma part, j'en conviens ; mais c'est comme ça.

— Ça n'est pas bête du tout, et ce n'est pas pour cela que je souris ; mais c'est qu'il a produit le même effet à bien d'autres qu'à toi ; après ça, dès qu'on a pris sur soi de lui dire un mot, il vous répond avec tant de bonté, tant de bonhomie, que

tout de suite la glace est rompue, et qu'on ne se
sent pas plus embarrassé de lui parler qu'à un
camarade. Seulement il y a toujours cette différence, que cette facilité ou, si tu veux, cette
familiarité, est toujours respectueuse, comme
seraient les rapports d'enfants dévoués envers un
père qu'ils aiment et qu'ils honorent.... Tiens,
veux-tu essayer tout de suite de lui parler? le
voilà justement qui s'est arrêté, comme il le fait
souvent pendant les marches, pour voir si personne ne reste en arrière; dans un instant nous
allons nous trouver auprès de lui.

— Ah! çà, mais il a mis pied à terre, et il tient
son cheval par la bride....

— C'est son habitude en route; il ne monte à
cheval que dans certaines manœuvres et quand on
se bat, si toutefois le terrain le permet...; mais
chut! le voilà qui nous regarde, et je suis sûr qu'il
va t'adresser la parole le premier.

En effet, tout en causant, ils étaient arrivés
devant la Tour d'Auvergne, dont les regards
s'étaient fixés sur Blanchet, qui portait le bras
gauche en écharpe.

— Eh bien ! camarade, lui dit-il, comment vous trouvez-vous ? La marche doit vous faire souffrir de votre blessure, et en parlant ainsi il se mit à marcher à côté des deux sergents.

— Mais non, mon capitaine, répondit Blanchet en rougissant ; ma blessure n'est pas grave, et j'espère qu'elle se guérira en route.

— Je le désire, mais j'en doute ; vous auriez eu besoin de repos, et vous avez eu tort de ne pas aller à l'hôpital.

— Ah ! voilà, mon capitaine, dit alors le sergent Michaud, le camarade Blanchet, ici présent, désire beaucoup entrer dans notre compagnie ; voilà pourquoi il a voulu nous suivre pour profiter de la première place vacante ; tandis que s'il était allé à l'hôpital, les vides qui auraient pu arriver dans nos rangs se seraient remplis naturellement sans lui.

— Je ne demande pas mieux que de voir un brave de plus entrer dans ma compagnie, et le sergent Blanchet a fait ses preuves sous mes yeux à l'attaque de la maison crénelée, où il a été blessé ; seulement, il ne dépend pas de moi seul de l'admettre dans nos rangs; puis, la première condition, c'est de jouir d'une bonne santé, et, je le répète, la fatigue de la marche va retarder sa guérison...; nous allons toutefois tâcher de diminuer un peu cette fatigue.... Camarade, ajouta-t-il en s'adressant directement à Blanchet, montez sur mon cheval; je suis las de le conduire.

— Ah! mon capitaine, balbutia Blanchet, tout étourdi de cette proposition, je ne... je n'oserais pas...; mille pardons, mais... en vérité...

— Allons, pas de cérémonies, — Dis-lui donc, Michaud, qu'on n'en fait pas avec moi; — et si vous voulez entrer dans ma compagnie, il faut me prouver d'abord que vous savez obéir.

— Accepte bien vite, lui dit tout bas Michaud, si tu ne veux pas le fâcher.

Blanchet accepta, et, aidé de son camarade, il enfourcha le cheval. La Tour d'Auvergne lui remit les rênes, et il se dirigea d'un autre côté.

Quand il fut un peu éloigné, Blanchet dit à Michaud : — Mais que vont dire les autres en me voyant ainsi huché sur le cheval du capitaine?

— Ils n'y feront seulement pas attention. Il ne

faut pas t'imaginer que tu es le premier à qui il a
offert son cheval. A chaque instant, pendant les
marches, s'il aperçoit un soldat fatigué, il lui dit
comme à toi, camarade : Monte sur mon cheval ; et
l'autre y monte, sans plus ni moins de cérémonie.

— Eh bien! en voilà un comme on n'en rencontre guère, ou plutôt comme on n'en rencon-
trera jamais : écoute, mon vieux, je te le jure, à
compter d'aujourd'hui, je me ferais hacher pour
lui menu comme chair à pâté.

— Bah! est-ce que tu crois que tu es le seul?
Nous sommes, à ma connaissance, cent cinquante
qui en ferions tout autant, sans parler de ceux
que je ne connais pas.

CHAPITRE VI

Pendant l'expédition de la Tour d'Auvergne au
val d'Aran, Dugommier, suivant le plan arrêté au
conseil, avait assiégé immédiatement Collioure et
Port-Vendres, ou plutôt les forts et redoutes qui
défendaient cette localité. Une redoute, dite de
Montesquiou, fut prise d'assaut pendant la nuit;
le fort Saint-Elme fut enlevé de la même manière
après des attaques sanglantes, où Dugommier
reçut lui-même une grave blessure. Ces attaques
avaient coûté à l'armée française des pertes consi-

dérables; mais, d'après les ordres de la Convention, on avait dû s'emparer à tout prix de ces points qui pouvaient faciliter une descente des ennemis sur le littoral. Pour Collioure, on n'avait pas été obligé de recourir aux mêmes moyens; après quelques jours de canonnade, et sans attendre l'assaut, la garnison espagnole avait capitulé à des conditions honorables.

Après ces premiers succès, Dugommier était venu mettre le siége devant Bellegarde ; il ménagea cette fois davantage le sang de ses soldats; il se contenta d'investir la place et de la bloquer strictement, de manière à n'y laisser pénétrer ni vivres, ni secours.

L'armée était encore devant Bellegarde, lorsque la Tour d'Auvergne arriva, de retour de son expédition du val d'Aran. A peine ses soldats avaient-ils pris quelques jours de repos, que l'on annonça l'approche du général espagnol la Union, qui, avec une armée de renfort, venait tenter de faire lever le siége de Bellegarde, ou tout au moins de jeter du secours dans la place. Dugommier marcha à sa rencontre, et lui livra bataille à peu de

distance de Bellegarde. L'action fut des plus sanglantes; mais l'ennemi, repoussé sur tous les
points, finit par s'éloigner à la hâte, en nous laissant maîtres du champ de bataille, couvert de ses
morts et de ses blessés. La garnison, plus décou-
ragée que jamais par cette déroute de l'armée
espagnole, se rendit le 29 septembre 1794.

Dugommier, rassuré désormais sur ses derrières, se préparait à s'avancer en Catalogne. Il
rassembla son conseil de guerre pour combiner
les opérations de ce mouvement. Il n'y avait cette
fois que des généraux, parmi lesquels on remar-
quait Pérignon, Davout et Augereau, tous futurs
maréchaux de France; mais quoique la Tour
d'Auvergne n'y eût pas été appelé, il fut l'objet
d'une partie de la délibération ou, si l'on veut,
de la conférence. — Son succès dans l'expédition du val d'Aran, sa brillante conduite à la bataille de Bellegarde, où, par suite de la mort de
son chef de bataillon, il s'était trouvé chargé,
comme le plus ancien capitaine, du commandement de ce corps, et avait enlevé à l'ennemi une
redoute, deux drapeaux et quatre pièces de

canon, — tous ces faits, dis-je, avaient de nouveau mis son nom à l'ordre du jour et montré
combien il était digne d'un commandement plus
important que celui d'une simple compagnie de
grenadiers. .

— Il faut avouer, disait Augereau, que c'est un
être passablement original de refuser des fonctions
qu'il remplirait si bien, tandis que tant d'autres
sollicitent et obtiennent trop souvent des emplois
qu'ils sont incapables d'exercer! Croyez-vous que
si on lui offrait de remplacer le général Mirabel (1),
il refuserait encore?

— Je l'ignore, dit Dugommier; ce que je sais,
c'est qu'à l'armée des Alpes il a constamment
refusé l'avancement que lui offrait Montesquiou;
et je ne me soucie pas de m'exposer à un pareil
refus.

— Je crois effectivement, reprit Pérignon, qu'il
n'accepterait pas la succession de Mirabel, si j'en
juge par une petite scène dont j'ai été témoin
ce matin, et qui m'a beaucoup diverti. J'étais

1 Le général Mirabel avait été tué à la bataille de Bellegarde.

7

allé, pour je ne sais quelle réclamation, chez
le représantant Fabre. Je l'ai trouvé en grande
conversation avec la Tour d'Auvergne ; il le fla-
gornait à brûle-pourpoint, de la manière la plus
ridicule ; il le comparait à Épaminondas pour
sa frugalité, son désintéressement, son courage
et son génie. Le pauvre capitaine avait l'air de
souffrir cruellement, et attendait avec impatience
où en voulait venir son interlocuteur. Enfin, celui-
ci lui dit qu'il allait faire au ministre un rapport,
dans lequel il mentionnerait les faits d'armes
récents où il s'était si brillamment distingué, et
le proposerait pour un avancement, non pas d'un
simple grade au-dessus de son grade actuel, mais
proportionné à son mérite ; en conséquence, il
l'invitait à lui faire connaître quel emploi il dé-
sirait occuper.

« Vous avez donc bien du crédit, citoyen
représentant ? dit la Tour d'Auvergne avec ce
calme et ce sang-froid que vous lui connaissez.

— Certes, je puis me flatter d'avoir la confiance
du ministre et du comité de la guerre. Voulez-vous

être chef de brigade? voulez-vous remplacer le général Mirabel? vous n'avez qu'à parler.

— Eh bien! citoyen représentant, puisque vous avez tant de pouvoir, et que vous m'offrez gracieusement votre crédit, je vous prierai de me faire donner une paire de souliers : c'est tout ce dont j'ai besoin pour le moment, et je n'ai pu encore en obtenir du fournisseur (1). »

A ces mots, tous les auditeurs de Pérignon éclatèrent de rire. « Bravo! s'écria Augereau, voilà comme il faudrait traiter tous ces pékins que l'Assemblée envoie aux armées, et qui ne servent qu'à entraver les opérations des généraux.

— Allons, allons, du calme, mon cher Augereau, dit en souriant Dugommier; ne parlez pas avec tant d'irrévérence de nos représentants du peuple.

— Je ne vois pas dans cette boutade, dit Davout, un refus formel de la Tour d'Auvergne d'accepter un grade supérieur au sien; j'y vois

1 *Historique.*

simplement une leçon qu'il a voulu donner à ce
personnage qui se croit si important, afin de lui
rappeler que ses véritables fonctions doivent se
borner à veiller au bien-être matériel de l'armée,
et non, pas à en faire ou défaire les chefs. Peut-
être, si cette proposition lui eût été faite par notre
général en chef, l'aurait-il accueillie tout diffé-
remment.

— C'est possible, reprit Dugommier; mais
j'en doute après la persistance qu'il a montrée,
depuis qu'il est entré dans la carrière militaire,
à ne vouloir occuper aucun grade supérieur. Au
reste, j'ai trouvé une combinaison qui, sans lui
donner un titre plus élevé, va le forcer à se charger d'un commandement important, et dont j'espère d'utiles services pour l'armée. D'après les
observations que j'avais adressées à Carnot, j'ai
reçu de lui l'ordre d'organiser une colonne mobile
composée d'un certain nombre de compagnies de
grenadiers, prises dans les divers régiments de
l'armée, de manière à en former un corps de deux
mille cinq cents à trois mille hommes, et de donner le commandement de ce corps à celui des

officiers de l'armée que je croirai le plus capable
de remplir cet emploi. Or voici ce que j'ai imaginé. Les vingt compagnies qui doivent former
la colonne mobile sont désignées; celle de la
Tour d'Auvergne en fait partie. Je ne nommerai
aucun chef à ce corps; seulement, selon les usages
militaires, le plus ancien capitaine devra exercer
le commandement; et comme c'est la Tour d'Auvergne qui est le plus ancien d'âge et de grade,
il ne refusera pas plus qu'il ne l'a fait pour
l'expédition d'Aran, et le jour de la bataille de
Bellegarde, après la mort de son chef de bataillon. »

Les généraux applaudirent à l'idée de Dugommier, et la décision, libellée dans ce sens, fut
adoptée à l'unanimité.

Tout s'exécuta comme l'avait prévu Dugommier. La colonne mobile, composée de grenadiers, fut organisée, et la Tour d'Auvergne ne fit
aucune difficulté d'en accepter le commandement
à titre de plus ancien capitaine. Ce corps fut
chargé de former l'avant-garde, lorsque Dugommier, quittant les Hautes-Pyrénées, se décida à

envahir l'Espagne. La Tour d'Auvergne, dans
cette marche, ne laissa que rarement au corps
d'armée qui le suivait le temps de joindre
l'ennemi ; dans toutes les rencontres partielles
il défit les Espagnols, toujours plus nombreux,
et conduisit sa colonne victorieuse, que les soldats avaient surnommée *la colonne infernale*,
jusqu'en présence de la ligne ennemie et des
fortes positions prises par le général la Union.
Le brave Dugommier fit attaquer ces positions
sur trois points à la fois. Placé au centre de son
armée, sur la montagne Noire, il voyait sa gauche
faiblir, lorsque, au moment où il allait se porter
à son secours, un obus éclata sur sa tête et le
frappa mortellement à côté de ses deux fils. En
tombant, il s'écria : « Cachez ma mort aux soldats, et laissez-les achever la victoire, seule
consolation de ma mort! » En effet, la gauche
soutenue à propos par l'arrivée de la colonne de
la Tour d'Auvergne, reprenait un avantage marqué, tandis que la droite, grâce à la bravoure et
à l'énergie d'Augereau, obtenait une victoire
complète (17 novembre 1794).

Après la mort de Dugommier [1], le général Pérignon prit le commandement de l'armée. Il recommença l'attaque le 20 novembre, et remporta un succès décisif. La Tour d'Auvergne, chargé de poursuivre l'ennemi, qui s'enfuyait en désordre, conduisit sa colonne victorieuse jusqu'aux portes de Figuières. Quoiqu'il n'eût d'autre artillerie qu'une pièce de huit, il somme la garnison de se rendre, et le commandant intimidé, se hâte de capituler. La possession de cette forteresse, regardée comme une des plus importantes de l'Europe, nous rendait maître de la Catalogne.

Dans le même temps, nous avions obtenu des succès non moins décisifs vers les Pyrénées occidentales. Moncey, qui commandait de ce côté, avait pris Fontarabie, Saint-Sébastien, Tolosa, occupait toute la province de Guipuscoa, et s'était même avancé jusqu'aux portes de Pampelune.

L'hiver ralentit, mais n'interrompit pas les

[1] La tribune de la Convention retentit alors des plus pompeux éloges de ce général. Cette assemblée ordonna par un décret que le nom de Dugommier serait inscrit sur une des colonnes du Panthéon.

hostilités. L'armée des Pyrénées orientales occupa la Catalogne jusqu'aux bords de la Fluvia. Plusieurs combats furent livrés sur les bords de cette rivière sans pouvoir prendre position au delà. L'armée des Pyrénées occidentales était rentrée de nouveau dans la Biscaye, avait pris Bilbao et Vittoria, et serrait de près Pampelune. La cour de Madrid se décida alors à faire des ouvertures de paix. Un armistice fut signé par les généraux Moncey et Pérignon, et le gouvernement espagnol envoya le chevalier Yriarte, comme plénipotentiaire au congrès de Bâle. La paix fut définitivement signée dans cette ville entre l'Espagne et la France, le 12 juillet 1795.

Dès la signature de l'armistice, Pérignon, prévoyant que la paix ne tarderait pas à devenir définitive, avait dissous le corps des grenadiers réunis, et renvoyé chaque compagnie à leur régiment respectif. Ce ne fut pas sans un vif regret que ces braves se séparèrent de leur commandant, et lors de l'allocution qu'il leur adressa en les quittant, plus d'une larme sillonna les joues ridées de ces vieux guerriers.

La Tour d'Auvergne profita de la cessation des hostilités pour demander et obtenir un congé, afin de venir au milieu de sa famille rétablir sa santé délabrée par tant de fatigues. Il s'embarqua à Bordeaux le 5 juin 1795; mais le bâtiment qu'il montait fut enlevé par un corsaire anglais, à la vue du port de Brest. Le capitaine corsaire le traita avec égard, lui laissa son épée, tout en lui déclarant qu'il était prisonnier de guerre. Il conduisit ensuite sa prise à Plymouth. La Tour d'Auvergne en débarquant fut l'objet des insultes de la populace, qui voulait lui faire ôter sa cocarde de son chapeau. Voyant que le tumulte augmentait, il prit sa cocarde, la perça par le milieu de la pointe de son épée, la fit glisser le long de la lame, jusqu'à la garde; puis, remettant son épée dans le fourreau, il dit, en s'adressant en anglais à ceux qui l'entouraient : « Maintenant, si quelqu'un la désire, qu'il vienne la prendre. » Quelques-uns des spectateurs de cette scène applaudirent, d'autres continuèrent de huer l'officier *french,* et à l'accompagner de leurs grognements et de leurs insultes, jusqu'au bureau de l'amirauté.

7*

Ici la Tour d'Auvergne rencontra une protection inattendue. Parmi les membres du conseil de l'amirauté se trouvait un homme fort instruit, originaire du pays de Galles, qui avait lu les ouvrages de la Tour d'Auvergne sur l'ancienne langue celtique. En entendant prononcer son nom, il ne pouvait croire que ce fût le même homme, et il lui demanda : « Seriez-vous parent de l'auteur d'un livre intitulé *Nouvelles recherches sur la langue, l'origine et les antiquités des Bretons ?*

— C'est moi-même, répondit la Tour d'Auvergne en souriant.

— Alors, si c'est vous, vous allez pouvoir me comprendre, » et il lui adressa quelques mots en langue gaélique. La Tour d'Auvergne répondit en bas-breton ; tous deux s'entendaient parfaitement, et voilà aussitôt une conversation suivie qui s'établit entre ces deux hommes, séparés par l'antagonisme national, par des opinions politiques contraires, et rapprochés tout à coup par l'amour de la linguistique ; car l'interlocuteur de la Tour d'Auvergne était un des membres de la *Société royale* de Londres, qui se livrait à une étude spéciale des langues. Après un instant d'entretien, le Gallois montra les meilleures dispositions en faveur du Breton français. Il offrit d'être sa caution, si on voulait le laisser libre et prisonnier sur parole, ce qui fut aussitôt accepté.

Le sir de Kilgarran (c'était le nom du nouveau protecteur de la Tour d'Auvergne), offrit l'hospitalité au prisonnier français; puis, au bout de quelques jours, il le conduisit dans le pays de Galles, afin qu'il pût comparer d'une manière plus exacte les mœurs et la langue des habitants avec les mœurs et la langue des Bretons de l'Armonique. Ne pouvant le mener en Irlande, ni dans les Highlands ou montagnes de l'Écosse, Kilgarran mit la Tour d'Auvergne en rapport avec des habitants de ces contrées; et, quoiqu'il y eût une différence remarquable entre les dialectes de ces diverses contrées, la Tour d'Auvergne ne s'en confirma pas moins dans l'idée que tous ces peuples avaient une même origine celtique ou gallo-kimris.

Grâce à ces études et à l'obligeance de Kilgarran, la Tour d'Auvergne ne s'ennuya pas trop
pendant la durée de sa captivité en Angleterre.
Enfin, au bout de huit à dix mois de captivité, il
avait été compris dans un cartel d'échange, et
était rentré en France.

A son arrivée dans sa patrie, il apprit qu'il
venait d'être mis à la réforme. Il ne se plaignit
point d'une injuste mesure qui le privait d'un
grade acquis par quarante années de bons et
loyaux services. A ses amis, qui le plaignaient
de l'iniquité dont il était victime, il répondait
comme autrefois il l'avait fait à Montesquiou :
« A un nouveau régime il faut des hommes
nouveaux ; d'ailleurs dans ces guerres gigan-
tesques, telles qu'on les fait depuis quelques
années, il faut toute l'activité, tout le feu, toute
l'ardeur de la jeunesse pour pouvoir résister aux
fatigues d'un pareil métier. On m'a souvent re-
proché de n'avoir pas accepté de grade supérieur ; mais si je ne l'ai pas fait, c'est que je
savais bien que je n'étais pas de force à supporter un tel fardeau. Dans ma dernière çam-

pagne, on m'a forcé en quelque sorte d'accepter
un commandement qui avait une certaine importance; je l'ai rempli du mieux que j'ai pu, mais
aussi à bout de forces, et si la paix n'était pas
venue me rendre un peu de repos, j'aurais suc-
combé à la fatigue. Franchement, je suis trop
vieux pour pouvoir me charger d'un commandement quelconque; seulement, si la patrie avait
encore besoin de mes services, je pourrais faire
encore le coup de fusil comme vétéran et comme
simple soldat. »

Heureux de pouvoir désormais se livrer tout
entier à l'étude, il s'établit dans une petite
maison à Passy, afin d'être plus à portée de consulter les bibliothèques et les savants qui pourraient lui fournir des documents nécessaires pour
terminer son grand travail. Il mit à profit les
notes qu'il avait rapportées d'Angleterre, pour
composer un *Dictionnaire breton, gallois et français,* et commencer un *Dictionnaire polyglotte,*
fort ample, dans lequel il comparait la langue
celtique avec les autres langues anciennes et
modernes. Ces deux ouvrages, dont le dernier

n'a pas été achevé, sont restés en manuscrit.

Toute sa fortune patrimoniale consistait en une rente de huit cents francs. « C'est beaucoup, disait-il, pour un grenadier sous les armes; c'est assez pour un homme qui ne s'est pas créé de besoins dans la retraite. » Il écrivait alors à un de ses amis intimes : « Du pain, du lait, la li- berté, et un cœur qui ne puisse jamais s'ouvrir à l'ambition, voilà l'objet de tous mes désirs. »

Se contentant de son patrimoine, il avait aban- donné à une pauvre famille sa pension de retraite, et il trouvait encore dans son superflu de quoi soulager quelques indigents de son voisinage ; mais le discrédit des assignats le réduisit bientôt à la nécessité de demander des secours pour lui- même. Le ministre de la guerre, auquel il s'a- dressa, donna l'ordre de lui compter douze cents francs. Il ne prit que cent vingt francs, en di- sant : « J'ai assez de cette somme pour le mo- ment; s'il me survient de nouveaux besoins, je reviendrai. »

C'était la première fois qu'il sollicitait quelque chose pour lui-même, quoiqu'il jouît de l'estime

de tous les membres du directoire et des ministres, et qu'il eût un grand crédit auprès d'eux ;
mais s'il n'en usait pas pour lui-même, il em-
ployait tout son zèle à réparer quelque injustice,
à faire du bien à quelque malheureux, etc. etc.
Ainsi il avait fait rayer de la liste des émigrés
bon nombre de nobles qui y avaient été portés
pendant la terreur. De ce nombre était le duc
de Bouillon, son proche parent, et le chef de la
famille de la Tour d'Auvergne. Rentré en possession de son immense fortune, par suite de cette
radiation, le duc voulut le forcer d'accepter la terre
de Beaumont-sur-Eure, qui valait dix mille francs
de rente. A toutes ses instances la Tour d'Auvergne
répondit constamment : *Je vous remercie.*

Vers cette époque, Jacques le Brigant, son
compatriote, son ancien ami, qui, on se le rappelle, l'avait initié et encouragé dans l'étude de
la langue celtique, lui écrivit une lettre dont
nous allons reproduire les principaux passages :
« Je me suis marié deux fois, lui disait-il, j'ai
« été père de vingt-deux enfants ; une partie sont
« morts, les autres sont établis loin de moi et ne

« peuvent m'être d'aucun secours. Je viens de
« perdre une de mes filles, qui était mon seul
« soutien. Trois de mes fils sont morts en com-
« battant pour la patrie ; il ne me reste plus que
« mon plus jeune, mon Benjamin, celui que je
« considérais comme l'appui de ma vieillesse ; la
« réquisition vient de me l'enlever, et il a été
« envoyé à l'armée de Sambre - et - Meuse. Je
« viens, mon cher ami, vous prier d'appuyer
« de votre crédit la demande que j'adresse au
« Directoire pour me faire rendre cet enfant
« chéri. J'ai soixante-seize ans, et il me semble
« qu'après avoir fourni trois défenseurs morts
« glorieusement au champ d'honneur, on peut
« bien ne pas me priver du seul enfant qui me
« reste. Je connais assez votre cœur pour être
« persuadé que vous ferez tous vos efforts pour
« me faire accorder une faveur, qui ne sera en
« réalité qu'un acte de justice. »

Quelques jours après, le Brigant reçut cette
réponse de la Tour d'Auvergne :

« Mon cher ami, votre fils vous sera rendu ; je
« lui ai trouvé un remplaçant. »

Or ce remplaçant, c'était lui-même, qui demanda comme une faveur et obtint d'être admis à remplacer le fils de son ami comme simple soldat. Il rejoignit l'armée en Suisse, et choisit son rang dans les grenadiers de la 46° demi-brigade, composée en grande partie de soldats de son ancien régiment.

Depuis le commencement de la révolution, la France ne s'était pas encore trouvée dans une position aussi critique. Une coalition formidable s'était formée contre nous. Les Russes unis aux Autrichiens avaient repris l'Italie, et nous avaient chassés de cette contrée conquise si glorieusement deux ans auparavant par le général Bonaparte. Nos frontières étaient menacées d'être envahies par la Suisse et par le Rhin. Nos meilleurs troupes étaient en Égypte avec le général qui les avait tant de fois conduites à la victoire. Le Directoire, faible, déconsidéré, déchiré par les factions, semblait impuissant à lutter contre les ennemis du dehors et contre les partis qui s'agitaient au dedans. Cependant il avait rassemblé en Suisse une armée, dernière ressource de la France contre l'invasion étrangère. Le commandement de cette armée, composée en majeure partie de jeunes conscrits de la levée de deux cent mille hommes, et des débris de nos armées de Sambre-et-Meuse et des Pyrénées, avait été confié au général Masséna.

La Tour d'Auvergne arriva au commencement de cette campagne, qui devait se terminer d'une manière si brillante, et commencer l'illustration du général que Bonaparte surnomma plus tard l'*Enfant gâté de la Victoire*. Nous n'avons pas intention de raconter l'histoire de cette campagne, récit qui ne pourrait entrer dans notre cadre; nous nous proposons seulement de faire connaître la part qu'y prit la Tour d'Auvergne; et pour cela nous ne pouvons mieux faire que de reproduire les principaux passages d'une lettre que notre ancienne connaissance, le sergent Blanchet, devenu capitaine, écrivait à son ami Michaud, aux Invalides, où il avait été admis l'année précédente, à peu près à la même époque que son capitaine avait été réformé.

Hôpital de Besançon, ce 23 vendémiaire an VIII
(15 octobre 1799).

« Tu me croyais mort, sans doute, mon
« pauvre vieux, en voyant que malgré ma pro-
« messe je restais si longtemps sans t'écrire;
« mais rassure-toi; je ne suis pas même bien
« malade, quoique je t'écrive de l'hôpital; c'est
« l'effet d'une baïonnette russe qui m'a percé la
« cuisse à la bataille de Zurich, et m'a cloué sur
« un lit pour un mois; pour dédommagement
« elle m'a valu les épaulettes de capitaine...
« oui, mon cher, de capitaine, rien que ça...
« Mais n'anticipons pas sur les événements, et
« puisque la susdite baïonnette m'a aussi gra-
« tifié d'un mois de repos, je veux en profiter
« pour jaser avec toi aussi longuement que
« nous le faisions quelquefois au bivouac pen-
« dant notre campagne en Catalogne; t'en sou-
« viens-tu?

« Avant de te narrer les faits et gestes qui
« m'ont valu un si rapide avancement, je dois
« te parler d'une chose qui va passablement te

« surprendre. Figure – toi, mon vieux, qu'au
« moment d'entrer en campagne, j'avais été
« envoyé à Pontarlier pour recevoir et ramener
« au régiment un certain nombre de recrues des-
« tinées à renforcer nos cadres, un peu affaiblis
« par la dernière campagne. J'étais sur la place
« devant l'hôtel de ville à voir défiler mes
« hommes, lorsque parmi tous ces jeunes gens,
« la plupart imberbes, j'aperçois un homme
« d'un âge mûr, la moustache grisonnante,
« marchant d'un pas ferme et même assez léger,
« malgré le poids du sac qu'il portait sur son
« dos, sans parler de son fusil et de sa giberne
« garnie de cartouches. Cette physionomie me
« frappa ; mes regards ne pouvaient se détacher
« de cet homme que mes yeux croyaient bien
« reconnaître, mais ma raison me disait tout
« bas : ce n'est pas possible ; tu te trompes ; ce
« n'est pas lui.

« Il me regarda à son tour, et, s'approchant
« de moi, il me dit en souriant : « — Est-ce que
vous ne me reconnaissez pas, mon lieutenant ?
Tu sais que j'étais alors sous-lieutenant.

« — Ah ! mon Dieu ! m'écriai-je, comment !
c'est vous, mon commandant !...

« — Eh oui, c'est moi, votre ancien capitaine-
commandant, aujourd'hui le grenadier la Tour
d'Auvergne, incorporé dans votre régiment.

« — Mais comment cela se fait-il ?... Ah !
mon commandant vous me voyez tout bouleversé. »

« Et je l'étais en effet ; car je t'avoue que
« je ne saurais exprimer le saisissement, l'émo-
« tion que me causait la vue de cet homme
« digne d'être à la tête d'une armée, et que je
« voyais porter le sac et le fusil comme un simple
« soldat. »

« — Ne m'appelez donc plus votre commandant, reprit-il en souriant ; c'est vous qui êtes
aujourd'hui mon supérieur, et moi je suis votre
subordonné.

« — Oh ! jamais je ne pourrai vous regarder
autrement que comme mon chef.

« — Attention, Blanchet, me dit-il tout bas,
en s'approchant de moi ; ce serait d'un mauvais
exemple pour ces jeunes conscrits qui nous en-

tourent et nous regardent avec étonnement, de
voir un officier parler avec cette déférence à un
simple grenadier ; il faut les accoutumer de bonne
heure à respecter la hiérarchie militaire ; fais-nous
distribuer nos billets de logement, sans faire plus
d'attention à moi, et ce soir, quand tu seras
seul, j'irai causer avec toi dans ta chambre et
t'expliquer ce qui te paraît si incompréhen-
sible. »

« Je n'insistai pas, comme tu le penses bien,
« après de telles paroles. Le soir il vint me trou-
« ver, et nous causâmes ensemble jusqu'à minuit.
« Il m'apprit alors qu'il avait repris du service
« pour remplacer le fils d'un de ses amis ; qu'on
« lui avait proposé un grade plus élevé que ce-
« lui qu'il avait autrefois, ou tout au moins le
« même grade ; mais il avait constamment re-
« fusé, avec cette obstination bretonne qui n'est
« pas un des moindres traits de son caractère.
« Et comme je lui témoignais mon étonnement
« d'un pareil refus, il me répondit :

« — Mon cher Blanchet, ce n'est pas sans un
motif sérieux que j'ai pris cette résolution. On

ne se rend pas compte assez généralement de la
dignité et de l'importance des fonctions d'un
simple soldat; depuis que je suis au service, j'ai
fait une étude sérieuse des qualités nécessaires
à former un bon et solide militaire. J'ai voulu,
en exerçant moi-même cet état, servir, si je le
puis, de modèle à mes jeunes camarades, et leur
apprendre, par mon exemple, comment on doit
remplir avec exactitude et dévouement tous les
devoirs de cette profession. Si je réussis, j'aurai,
je l'espère, rendu à mon pays des services tout
aussi important que j'aurais pu le faire en occupant un poste plus élevé. Mais, ajouta-t-il, pour
que mon succès soit assuré, il est absolument
nécessaire que tous les officiers, sous-officiers et
caporaux de la demi-brigade me traitent comme
un autre troupier, sans m'accorder la moindre
préférence, le moindre passe-droit. Je te serai
obligé, mon cher Blanchet, puisque tu es le premier officier de la demi-brigade que je rencontre,
de faire connaître mes intentions à ces Messieurs,
qui, ayant été, la plupart, mes égaux ou mes
inférieurs, seraient tentés d'oublier, comme tu le

faisais tantôt en présence de la troupe, que je ne
suis plus et que je ne veux plus être qu'un simple
grenadier. Ainsi, je n'entends être exempté d'aucun service, d'aucune corvée. En particulier seulement, et en dehors du service, je redeviendrai
le camarade et l'ami de ceux qui m'ont connu
autrefois, et qui ont conservé pour moi quelque
affection. »

« On se conforma exactement à ses intentions;
« néanmoins, pendant toute la campagne, des
« chefs de brigade, des généraux même le con-
« sultèrent souvent dans des circonstances dif-
« ficiles, et se trouvèrent toujours bien de ses
« conseils.

« Bientôt la campagne commença. Masséna
« nous fit envahir le pays des Grisons, occupé
« par les Autrichiens; nous nous emparâmes de
« Coire, la capitale de ce pays, et nous y fîmes
« prisonnier un général autrichien nommé Au-
« fenberg. Notre compagnie fut détachée dans
« une petite ville ou plutôt un village nommé
« Stanz, où nous restâmes près de quinze jours.
« Les habitants de ce pays ne parlent ni alle-

« mand, ni français, ni italien ; mais un jargon
« composé de ces trois langues, que personne
« ne pouvait comprendre, excepté la Tour
« d'Auvergne, qui causait avec eux, dans leur
« patois, aussi facilement que je le ferais avec
« toi en français. Mais voilà que pendant que
« nous comptions aller en avant, Jourdan avait
« été battu à Stockach, ce qui força Masséna de
« rétrograder jusqu'en deçà de Zurich, et à
« occuper une position retranchée derrière la
« Limmat. Nous restâmes là passablement de
« temps, l'arme au bras, à faire des mar-
« ches et des contre-marches auxquelles je ne
« connaissais rien, mais dont le brave la Tour
« d'Auvergne m'expliquait la cause et le but,
« quand nous nous trouvions seuls ensemble.

   « Oh ! j'oubliais de te dire que pendant notre
« retraite des Grisons, dans un combat que nous
« eûmes à soutenir sur le Vorarberg, le lieute-
« nant de notre compagnie avait été tué, et que
« j'avais été nommé à sa place, tandis que notre
« sergent-major était nommé sous-lieutenant à
« la mienne. J'ai de fortes raisons de croire que

                                                    8

« le grenadier la Tour d'Auvergne n'a pas été
« étranger à ces deux promotions ; car le général
« Mortier, à la division duquel nous apparte-
« nions, l'avait fait appeler la veille pour le
« consulter sur d'autres affaires plus impor-
« tantes sans doute; mais, par la même occasion,
« sur diverses promotions proposées par le chef
« de notre brigade.

« Cependant tout annonçait que nous allions
« avoir une rude bataille. On disait qu'une
« armée russe, qui venait de battre Moreau et
« Joubert en Italie, allait tomber sur nous, avec
« l'intention de nous écraser. Heureusement que
« ces menaces, par lesquelles certaines gens
« cherchaient à effrayer nos conscrits, avaient
« peu d'effet sur eux.

« Bref, voilà que Masséna engagea la lutte le
« 3 de ce mois de vendémiaire; il y a juste au-
« jourd'hui vingt jours (25 septembre 1799), à
« cinq heures du matin. Je ne te dirai rien des
« dispositions et du plan de la bataille; placé
« comme j'étais pour agir sur un point isolé, je
« n'en ai rien vu et je n'y ai rien compris. Tout

« .ce que, je sais, c'est que le matin à la pointe du
« jour, on nous fit passer la Limmat, près du vil-
« lage de Dietikon, dans des barques préparées
« d'avance et dans le plus grand secret. La tra-
« versée s'opéra dans un profond silence, tandis
« que le général Foy disposait plusieurs batteries
« pour protéger au besoin notre passage. Nous
« étions environ six cents, qui s'embarquèrent
« les premiers et arrivèrent sur l'autre rive. Sur-
« le-champ, nous fondîmes sur les tirailleurs
« ennemis et nous les dispersâmes. Mais il y
« avait sur le plateau trois bataillons russes avec
« des canons. Notre artillerie, admirablement
« dirigée, éteignit bientôt les feux de l'artillerie
« russe, et protégea le passage successif de notre
« avant-garde, dont nous avions été les premiers
« éclaireurs. Quand le général Gazan, qui nous
« commandait, nous eut réuni des renforts suf-
« fisants, nous marchâmes sur les trois batail-
« lons russes qui gardaient le plateau appelé
« Closter-Fahr. Ces bataillons s'étaient logés
« dans un bois, et s'y défendaient avec le cou-
« rage du désespoir. Gazan, par une habile

« manœuvre, les enveloppa de manière que pas
« un homme ne pouvait échapper. Mon capi-
« taine fut tué à cette attaque, et moi, chargé
« du commandement de la compagnie, je fus
« blessé à la cuisse droite du coup de baïonnette
« qui me tient encore à l'hôpital. Quoique
« cernés de toutes parts, les Russes ne voulaient
« pas se rendre ; il fallait les tuer l'un après
« l'autre pour les déloger. Plus des deux tiers
« étaient déjà tombés sous nos balles, lorsque
« la Tour d'Auvergne, désolé de voir cette inu-
« tile effusion de sang, s'avança au-devant des
« nôtres en faisant signe de cesser le feu ; puis
« il adressa aux Russes quelques mots dans leur
« langue, et aussitôt ces pauvres diables, qui
« s'attendaient tous à mourir, jetèrent leurs
« armes et nous tendirent la main comme pour
« dire de leur laisser la vie.

« Après cela, je fus porté à l'ambulance, et je
« n'ai plus rien vu du reste de la bataille. J'ai
« appris seulement qu'un pont avait été jeté à l'en-
« droit où nous avions effectué le passage, et que
« quinze mille hommes avaient franchi la rivière

« sur ce point, pour remonter la Limmat et se
« porter sur les derrières de Zurich. D'autres
« mouvements avaient été opérés sur d'autres
« points avec un égal succès, et Korsakoff, le
« général de l'armée russe, se trouva enfermé
« dans Zurich. Le lendemain, la bataille re-
« commença avec un nouvel acharnement; mais
« les dispositions de Masséna avaient été si bien
« prises, que nulle part les Russes ne purent
« résister, et qu'après un combat acharné, la
« victoire la plus complète resta aux Français.
« Tu as pu lire dans les gazettes que cent pièces
« de canon, tous les bagages, les administra-
« tions, le trésor de l'armée russe et cinq mille
« prisonniers, étaient devenus la proie des Fran-
« çais.

« En même temps, Souwarow, qui arrivait
« d'Italie au secours de son lieutenant Korsakoff,
« était battu complétement à la descente du
« Saint-Gothard, par le général Lecourbe, qui
« commandait le corps formant l'aile droite de
« Masséna. Si bien que de cette grande armée
« russe qui devait nous dévorer, il n'en reste

« que des débris, qui traversent piteusement
« l'Allemagne en ce moment pour regagner leur
« pays.

« J'ai appris tous ces détails par notre digne
« commandant (car, entre nous, je ne puis l'ap-
« peler le grenadier la Tour d'Auvergne), qui est
« venu me voir à l'hôpital de Neuchâtel, sur le-
« quel j'avais d'abord été évacué. Il m'a expliqué
« avec clarté et admiration le plan suivi par
« Masséna dans ces mémorables journées; mais
« il serait trop long de le répéter, seulement je
« redirai comme lui : Gloire à Masséna, qui a
« exécuté une des plus belles opérations dont
« l'histoire de la guerre fasse mention, et qui
« nous a sauvés dans un moment plus périlleux
« que celui de Valmy et de Fleurus!

« Notre brave la Tour d'Auvergne a été plus
« heureux que moi. Il s'est battu pendant les
« deux jours qu'a duré la bataille, et s'est trouvé
« dans les coups de feu les plus chauds, sans
« avoir attrapé la moindre égratignure. Cela m'a
« fait souvenir qu'à l'armée des Pyrénées, où il
« avait toujours coutume de se placer aux en-

« droits les plus périlleux, il n'a jamais reçu
« une blessure, ce qui faisait dire aux soldats :
« Notre capitaine a le don de charmer les balles. »
« Comme je lui rappelais l'autre jour cette
« circonstance, il m'a répondu : « C'est vrai ;
« je n'ai jamais été blessé ; mais aussi la pre-
« mière blessure que je recevrai sera mortelle. »
« Il a obtenu un congé qu'il va passer à Paris ;
« je lui ai parlé de toi, et il m'a dit qu'il serait
« heureux de te voir : va lui dire bonjour sans
« façon dans sa petite maison de Passy ; il te
« fera un excellent accueil. Sais-tu le trophée
« qu'il emporte de sa campagne de Suisse ? Ce
« sont de vieilles médailles de bronze et des
« inscriptions latines, qu'il a déterrées dans les
« ruines d'une ville appelée Vindonissa par les
« anciens, et que l'on nomme aujourd'hui
« Windish.

« Le lendemain du jour où j'ai reçu sa visite,
« j'ai reçu ma nomination de capitaine. Il ne
« m'en avait pas dit un mot ; mais je suis per-
« suadé qu'il le savait mieux que personne.

« A bientôt, mon vieux ; je vais avoir un congé

« de convalescence que j'irai passer à Paris ; nous
« causerons à notre aise sous les arbres de l'es-
« planade, et nous irons ensemble faire une visite
« à Passy à notre digne commandant.

« Ton camarade, le capitaine BLANCHET. »

CHAPITRE VII

Tandis que Masséna brisait à Zurich la coalition qui menaçait la France d'une invasion formidable, Bonaparte quittait l'Égypte secrètement, traversait la Méditerranée sans être inquiété par la flotte anglaise, et, le 17 vendémiaire an VIII (9 octobre 1799), il débarquait à la pointe du jour dans le golfe de Fréjus. On sait avec quel enthousiasme son arrivée fut accueillie par les populations, et comment, porté en quelque sorte par les acclamations de ceux qui voyaient en lui un sauveur, il arriva bientôt à Paris; un mois après, il renversait le Directoire et la Constitution de l'an III et s'emparait du pouvoir, sous le titre de premier consul,

8*

qu'il devait échanger plus tard contre celui d'empereur.

La Tour d'Auvergne, retiré dans sa petite maison de Passy, avait vu passer cette révolution sans y prendre aucune part, ne songeant qu'à ses travaux scientifiques, sans s'occuper de ce qui se passait autour de lui. Tandis que tant d'autres s'agitaient pour solliciter des places du nouveau gouvernement, et ne pouvaient souvent les obtenir, on vint le trouver dans sa retraite pour le placer au Corps législatif. D'après la nouvelle constitution de l'an VIII, c'était le Sénat qui était chargé de la composition de ce corps, et ce fut lui qui porta sur la liste « le modeste et brave la Tour d'Auvergne, héros digne de l'antiquité par ses vertus, ses exploits et sa noble fin (1). »

Mais la Tour d'Auvergne refusa de siéger dans cette assemblée, disant : « Je ne sais pas faire les lois, je ne sais que les défendre : mon poste est aux armées. »

Alors, sur le rapport de Carnot, ministre de la guerre, le premier consul lui décerna un sabre

1 Thiers, Hist. du Consulat, t. 1er, p. 119.

d'honneur avec le titre de *premier grenadier de France*. Voici la lettre que Carnot écrivit à la Tour d'Auvergne pour lui annoncer cette distinction ; elle trouve d'autant mieux ici sa place, que c'est un monument historique, qui résume en peu de mots la vie de notre héros.

Paris, ce 5 floréal an VIII.

« En fixant mes regards sur les hommes dont l'armée s'honore, je vous ai vu, citoyen, et j'ai dit au premier consul : « La Tour d'Auvergne-Corret,
« né dans la famille de Turenne, a hérité de sa
« bravoure et de ses vertus. C'est l'un des plus
« anciens officiers de l'armée ; c'est lui qui compte
« le plus d'actions d'éclat, car tous les braves
« l'ont nommé le plus brave. Modeste autant
« qu'intrépide, il ne s'est montré avide que de
« gloire, et a refusé tous les grades. Aux Py-
« rénées orientales, le général rassembla toutes
« les compagnies de grenadiers, et pendant le
« reste de la campagne ne leur donna point de
« chef. Le plus ancien capitaine devait comman-
« der : ce fut la Tour d'Auvergne. Il obéit, et

« bientôt ce corps fut nommé par l'ennemi la
« colonne infernale. — Un de ses amis n'avait
« qu'un fils, dont les bras étaient nécessaires à sa
« subsistance : la conscription l'appelle; la Tour
« d'Auvergne, brisé de fatigue, ne peut travail-
« ler, mais il peut encore combattre. Il vole à
« l'armée du Rhin et d'Helvétie, remplace le fils
« de son ami, et pendant deux campagnes, le sac
« sur le dos et toujours au premier rang, il est à
« toutes les affaires, et anime les grenadiers par
« ses discours et son exemple. Pauvre, mais fier,
« il vient de refuser le don d'une terre que lui
« offrait le chef de sa famille. Ses mœurs sont
« simples, sa vie est sobre, et il ne jouit que du
« modeste traitement de retraite de capitaine.
« Plein d'instruction, parlant toutes les langues,
« son érudition égale sa bravoure, et on lui doit
« l'ouvrage intéressant intitulé *les Origines gau-*
« *loises.* Tant de talents et de vertus appartiennent
« à l'histoire, mais il appartient au premier consul
« de la devancer. »

   « Le premier consul, citoyen, a entendu ce
récit avec l'émotion que j'éprouvais moi-même. Il

vous a nommé sur-le-champ PREMIER GRENADIER DE
LA RÉPUBLIQUE, et vous décerne ce sabre d'honneur.

« Salut et fraternité.

« CARNOT. »

La Tour d'Auvergne accepta le sabre, mais il
se défendit de recevoir un titre qui pouvait blesser
la délicatesse de ses camarades. — « Parmi nous
« autres soldats, répondit-il au ministre, il n'y a
« ni premier, ni dernier. J'attendais de mes ser-
« vices un salaire plus conforme à mes goûts et
« plus digne d'un homme de guerre. On devait
« ou les oublier, ou ne se les rappeler qu'après
« ma mort. » Enfin, il demandait pour toute
récompense de pouvoir rejoindre ses anciens frères
d'armes, pour combattre encore avec eux, non
pas en qualité de premier, mais du plus ancien
grenadier de la République. Il lui fut permis de
les rejoindre à ce titre, mais il n'en a pas moins
conservé celui que lui avait décerné le premier
consul, et que la postérité a confirmé.

La guerre allait recommencer en Allemagne.

La Tour d'Auvergne, comme s'il eût eu un
pressentiment de son sort, fit ses dispositions
dernières la veille de son départ. Il rédigea son
testament, distribua ses meubles entre ses amis,
et légua ses livres avec ses manuscrits à M. Johan-
neau ; puis il partit pour rejoindre la 46me demi-
brigade, qui faisait alors partie de l'armée d'Allemagne, sous les ordres du général Moreau.

La guerre de cette dernière année du siècle fut
une des plus glorieuses de la Révolution et de
l'Empire. Deux formidables armées autrichiennes
nous menaçaient: l'une sur le Rhin, ayant pour
chef le baron de Kray, qui avait remplacé l'archi-
duc Charles ; l'autre du côté des Alpes, sous les
ordres du général Mélas. Le premier consul donna
à Masséna le commandement de l'armée de Li-
gurie, formée des débris des armées de Naples et
de Lombardie, réduite à quarante mille hommes au plus, et chargée de défendre notre frontière du côté de Nice et des Alpes maritimes.
L'armée d'Allemagne, opposée au baron de Kray,
était forte de cent trente mille hommes, composée
de soldats aguerris, disciplinés, instruits et intré-

pides. Elle avait pour chefs des généraux division-
naires dignes de pareils soldats. C'était Lecourbe,
le plus habile des officiers de son temps dans la
guerre de montagnes, Lecourbe, qui, l'année précédente, avait battu Souwarow au Saint-Gothard ;
c'était Richepanse, qui joignait à une bravoure
audacieuse une intelligence rare ; c'était Saint-Cyr,
esprit froid et profond, caractère peu sociable,
mais doué de toutes les qualités du général en
chef ; c'était enfin Ney, jeune encore, mais qu'un
courage héroïque, dirigé par un instinct heureux
de la guerre, avait déjà rendu populaire dans
toutes les armées de la République. A la tête de
tels soldats et de tels lieutenants, était Moreau,
esprit lent, quelquefois indécis, mais solide, et
dont les indécisions se terminaient en résolutions
sages et fermes, quand il était face à face avec
le danger. La pratique avait singulièrement formé
et étendu son coup d'œil militaire. Par son expérience, son habitude du commandement, sa haute
renommée, il était, après le général Bonaparte, le
seul homme capable alors de commander cent
mille hommes.

Si l'armée de Masséna était si faible comparativement à celle de Moreau, c'est que le premier consul se proposait d'aller lui-même au secours du premier avec une armée dite de réserve, qu'il organisa dans le plus grand secret possible, et avec laquelle il franchit tout à coup les Alpes, parut inopinément en Lombardie, et remporta sur Mélas la célèbre victoire de Marengo, qui devait enfin amener la paix. Nous n'avons pas à nous occuper ici de cette brillante campagne d'Italie, dont l'éclat a fait pâlir celle d'Allemagne, exécutée à peu près simultanément, et qui fut non moins glorieuse ; nous rappellerons seulement les principaux faits de cette dernière, auxquels prit part la Tour d'Auvergne.

Il rejoignait l'armée au moment où elle franchissait le Rhin sur trois points différents : Strasbourg, le Vieux-Brisach et Bâle, et il se trouva à la première bataille, livrée le 3 mai 1800, au delà du Rhin, à Engen et Stockach. La victoire fut chèrement achetée ; mais, sans être aussi complète qu'on aurait pu le désirer, elle força l'ennemi à se retirer sur le Danube. Moreau l'y suivit, et lui

livra une seconde bataille, le 5 mai, à Mœskirch,
qui força le baron de Kray à passer le Danube et à
mettre ce fleuve entre lui et l'armée française. Le
général autrichien, voulant sauver ses magasins
renfermés dans Biberach, repassa le Danube; mais
il fut prévenu par Saint-Cyr, qui s'empara de cette
place, après un violent combat, et repoussa tous
les efforts de Kray. Celui-ci se retira définitivement sur Ulm, où il avait un vaste camp retranché, et laissa les Français maîtres de la rive droite
du Danube.

A cette époque, le premier consul, qui allait
commencer ses opérations au delà des Alpes,
demanda à Moreau un détachement de son armée
fort de quinze à vingt mille hommes, qui devait
rejoindre l'armée d'Italie par le Saint-Gothard.
Moreau, affaibli par cette diminution de forces,
prit une forte position, en attendant les événements. Il se contenta de manœuvrer autour d'Ulm,
pour obliger les Autrichiens à quitter cette position presque imprenable. Il s'était placé entre
l'Iller et le Lech, appuyant sa gauche et sa droite
à ces deux rivières, tournant la face au Danube, le

dos à la ville d'Augsbourg, prêt à recevoir le baron de Kray, s'il voulait combattre, et, en attendant, lui barrant le chemin des Alpes, ce qui était la condition essentielle du plan général tracé par le premier consul.

Si les succès de Moreau n'avaient été ni prompts, ni décisifs, ils avaient été soutenus et suffisants pour permettre au premier consul d'accomplir en Italie ce qu'il s'était proposé d'y faire. Lorsque Moreau apprit, non pas encore le succès de la bataille de Marengo, mais le passage des Alpes heureusement effectué par l'armée de réserve et l'entrée de Bonaparte dans la Lombardie, il jugea le moment venu de tenter une manœuvre sérieuse pour déloger le baron de Kray de la position d'Ulm. Il résolut donc de tenter le passage du Danube au-dessous de cette ville, et, en menaçant M. de Kray de lui enlever sa ligne de retraite, de l'obliger à la regagner.

Cette manœuvre lui réussit. Après différentes opérations préliminaires, l'armée passa le Danube, le 19 juin 1800, cinq jours après la bataille de Marengo, que personne ne connaissait encore, et il livra une bataille sanglante aux Autrichiens, dans la célèbre pleine d'Hochstëtt, rendue si tristement fameuse pour nous du temps de Louis XIV (13 août 1704). Moreau vengea notre défaite presque séculaire par une victoire éclatante, qui nous livra cinq mille prisonniers, trois cents voitures, vingt pièces de canon, douze cents chevaux, et les magasins considérables de Donauwerth. Cette opération, qui changeait les malheureux souvenirs d'Hochstëtt en souvenirs de gloire, était, après Marengo, la plus belle opération de la campagne. Elle honorait également Lecourbe, qui avait pris la part la plus active à l'exécution, et Moreau, qui avait conçu le plan.

Après une manœuvre si hardie et si décisive de la part de son adversaire, M. de Kray ne pouvait tenir plus longtemps à Ulm, sans se voir coupé de ses communications avec Vienne. Il se hâta donc de décamper le soir même, et il le fit avec une telle rapidité, que Moreau l'apprit trop tard pour pouvoir l'inquiéter dans sa retraite. Cependant il s'était engagé à sa poursuite, lorsque le baron de Kray, sans vouloir lui donner la bonne nouvelle de la victoire de Marengo, qui n'était pas encore connue dans le camp des Français, lui fit annoncer cependant la suspension d'armes conclue en Italie, et lui proposa d'en stipuler une pareille en Allemagne. Moreau, soupçonnant dès lors que de grands événements s'étaient passés au delà des Alpes, ne doutant pas qu'ils ne fussent heureux, et s'attendant à chaque instant à recevoir un courrier qui les lui apprendrait, ne voulut rien conclure avant de les connaître, et surtout avant d'avoir conquis de meilleurs cantonnements pour ses soldats. Il prit la résolution de repasser le Danube, de confier à Richepanse l'investissement des deux principales places situées sur ce fleuve, Ulm et Ingolstadt, de se porter avec le gros de son armée au delà du Lech, d'occuper Augsbourg et Munich, de s'assurer ainsi une partie de la Bavière pour vivre, de conquérir enfin les ponts de l'Isar, et toutes les routes qui aboutissent à l'Isar.

Moreau repassa donc le Danube et le Lech par Donauwerth et Rhain, porta ses divers corps, par Pottmess et Pfaffenhofen, jusqu'aux bords de l'Isar. Il occupa sur ce fleuve plusieurs points importants, et détacha Decaen sur Munich, lequel entra dans cette ville comme en triomphe, le 28 juin.

Pendant qu'il exécutait ce mouvement, les deux armées se rencontrèrent une dernière fois, et se heurtèrent à l'improviste dans un combat sans but. Ce fut à Neubourg, le 27 juin, sur la rive droite du Danube, pendant que les uns et les autres marchaient sur l'Isar. Une division française, engagée trop loin du reste de l'armée, eut à soutenir un combat long et acharné. Au premier choc, le brave la Tour d'Auvergne fut tué d'un coup de lance au cœur. Nos soldats, exaspérés par cette perte douloureuse, vengèrent sa mort en poursuivant l'ennemi avec acharnement, et en en faisant un affreux carnage.

L'armée versa des larmes sur sa tombe, et ne quitta le champ de bataille qu'après lui avoir élevé un monument couronné de branches de chêne et de lauriers.

Le cœur de la Tour d'Auvergne fut enfermé dans une boîte d'argent, recouverte de velours noir, et confiée à la compagnie qu'il avait adoptée. Son nom resta sur les contrôles, et dans tous les appels son nom était prononcé le premier ; alors le plus ancien grenadier répondait : *Mort au champ d'honneur*. L'épée qu'il avait reçue pour prix de sa valeur fut placée à l'église des Invalides, et un arrêté des consuls décida qu'un monument lui serait élevé dans la ville de Brest ; mais cet ordre n'a point reçu d'exécution.

FIN

TABLE

Tours. — Impr. Mame.

BIBLIOTHÈQUE
DE LA
JEUNESSE CHRÉTIENNE

FORMAT IN-8° — 3ᵉ SÉRIE

Tours — Impr. Mame

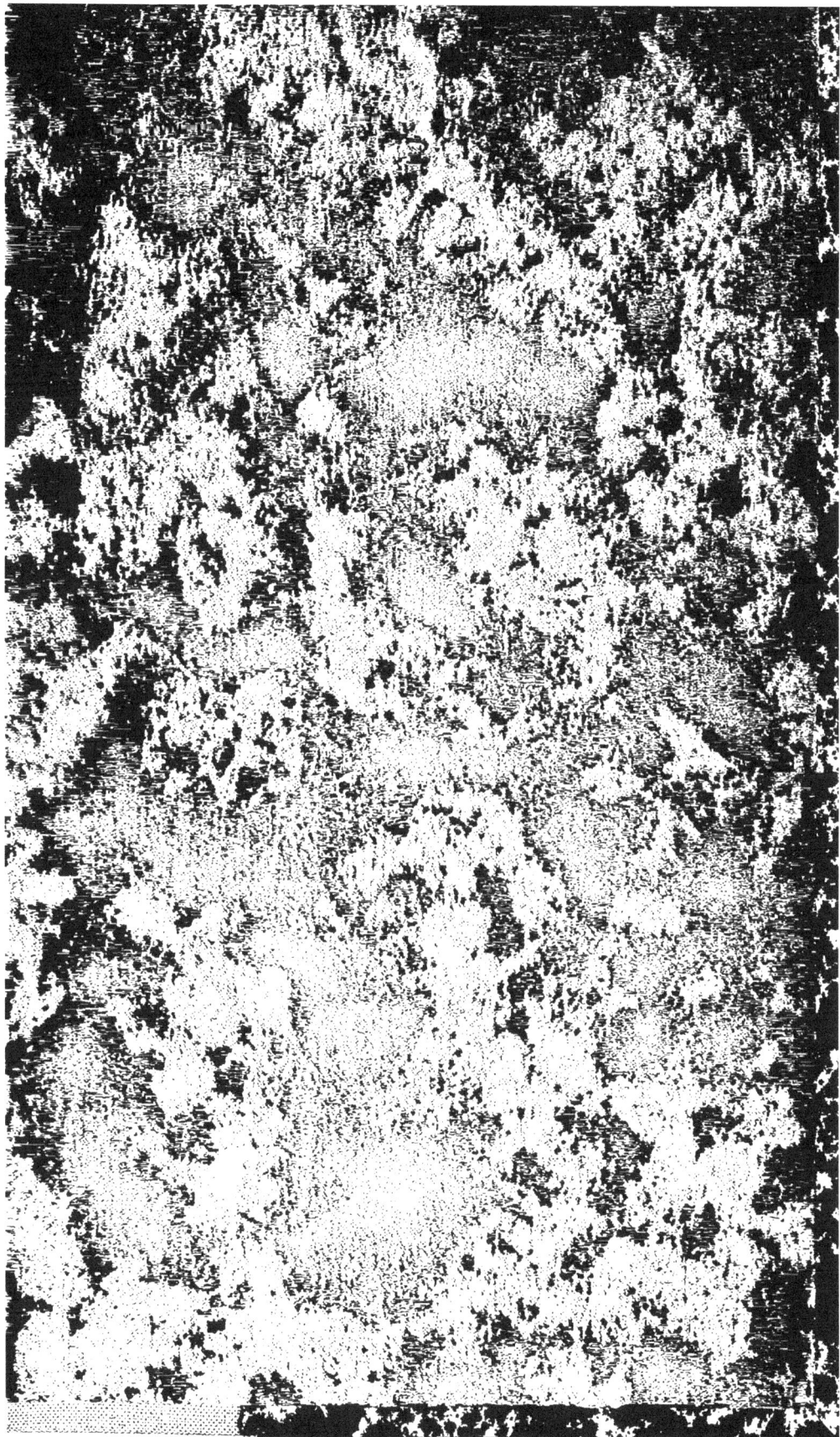

www.ingramcontent.com/pod-product-compliance
Lightning Source LLC
Chambersburg PA
CBHW072220270326
41930CB00010B/1933